FILO DE LA NAVAJA

Adultos Colorear Edición Del Libro De Terror

Coloring Bandit

Publicado por Speedy Publishing Canada Limited

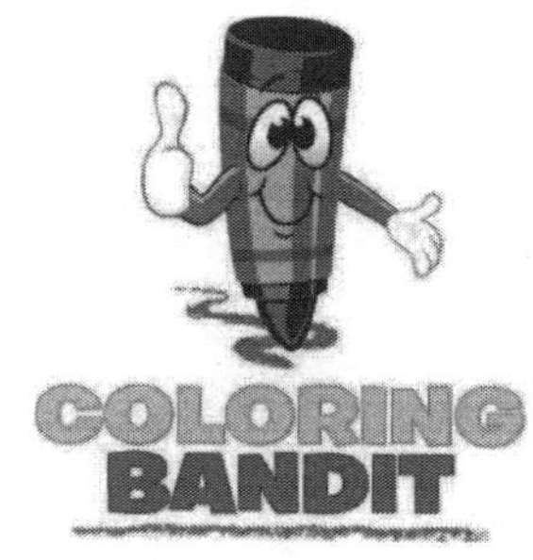

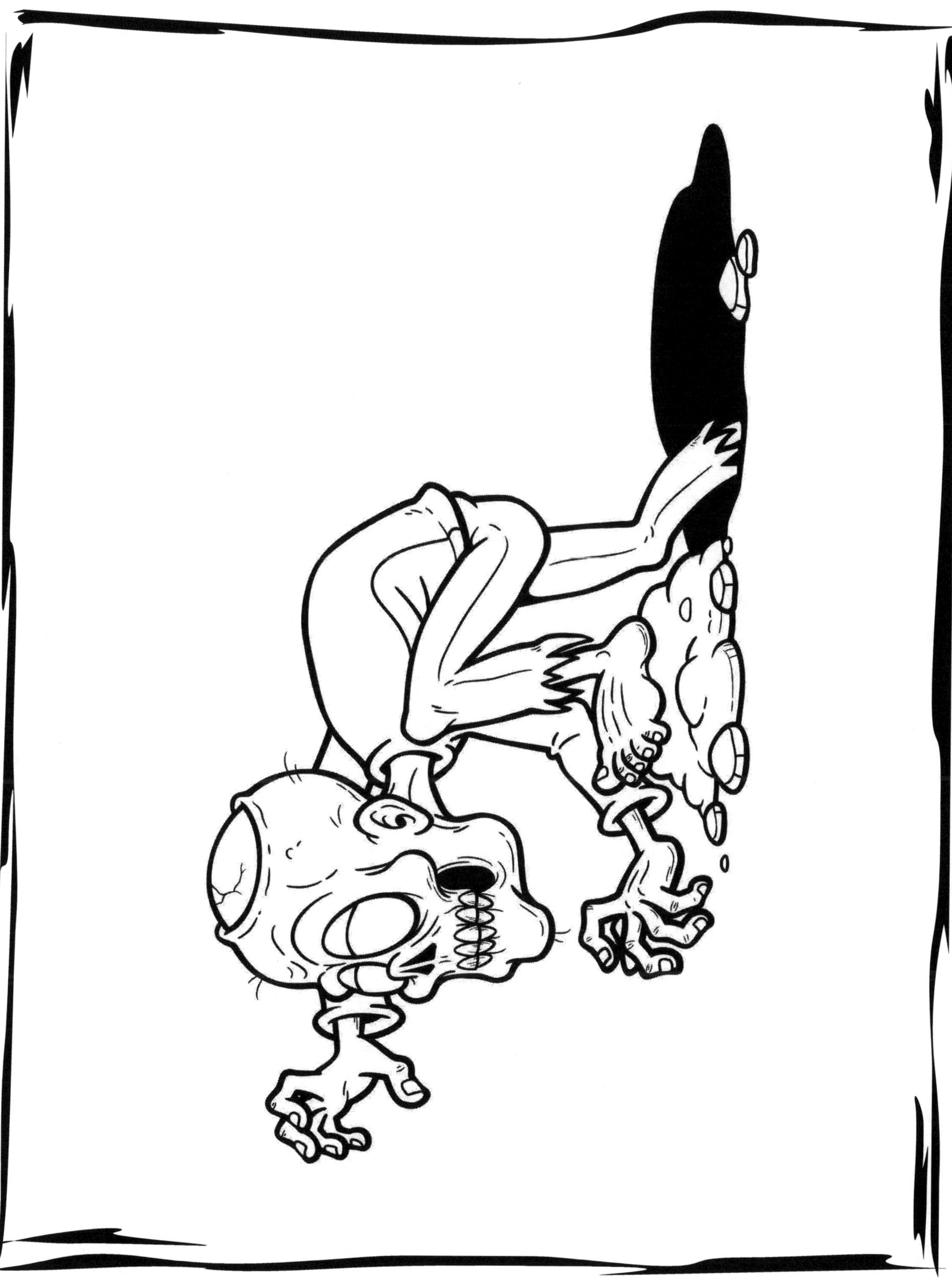

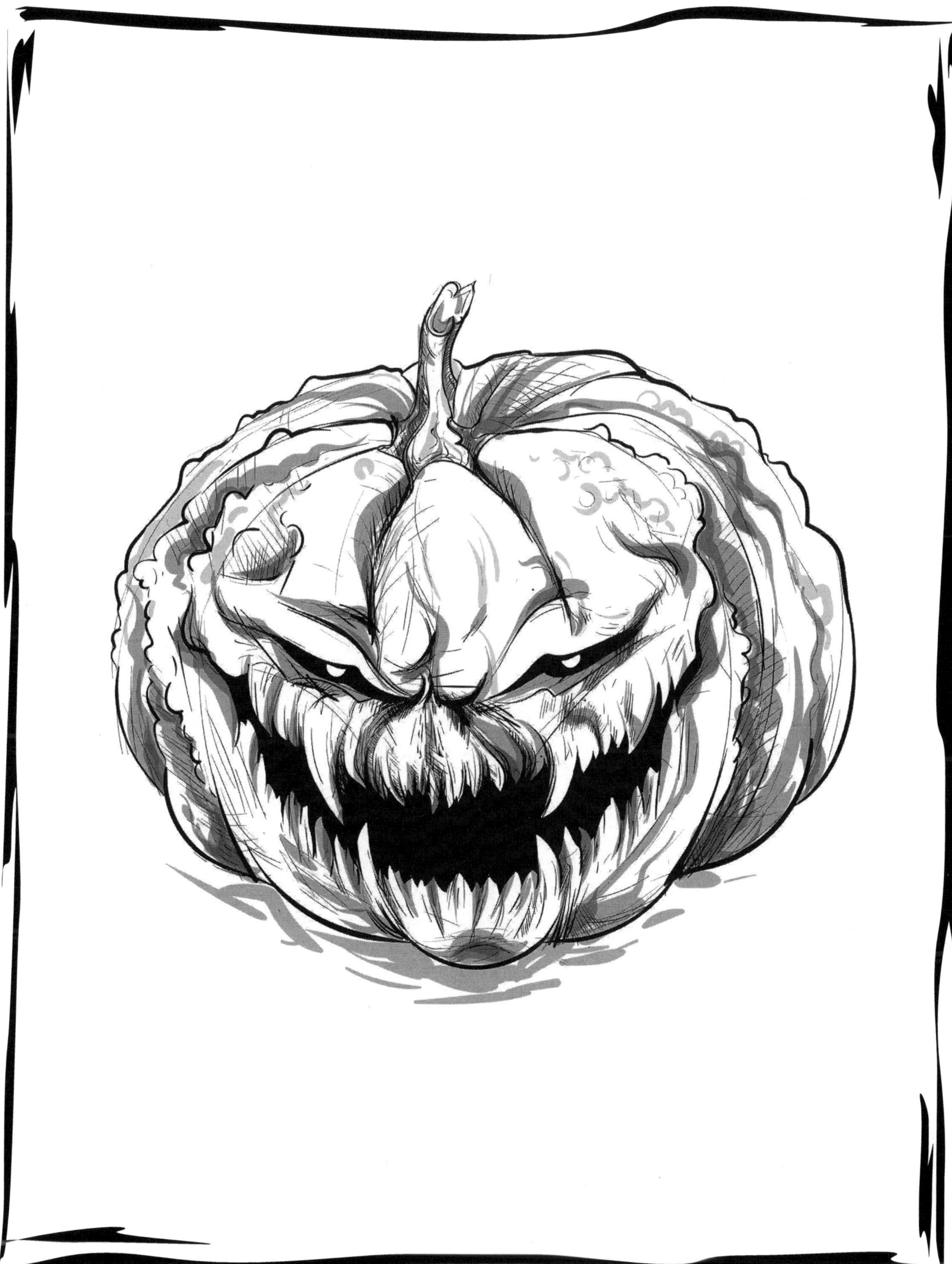

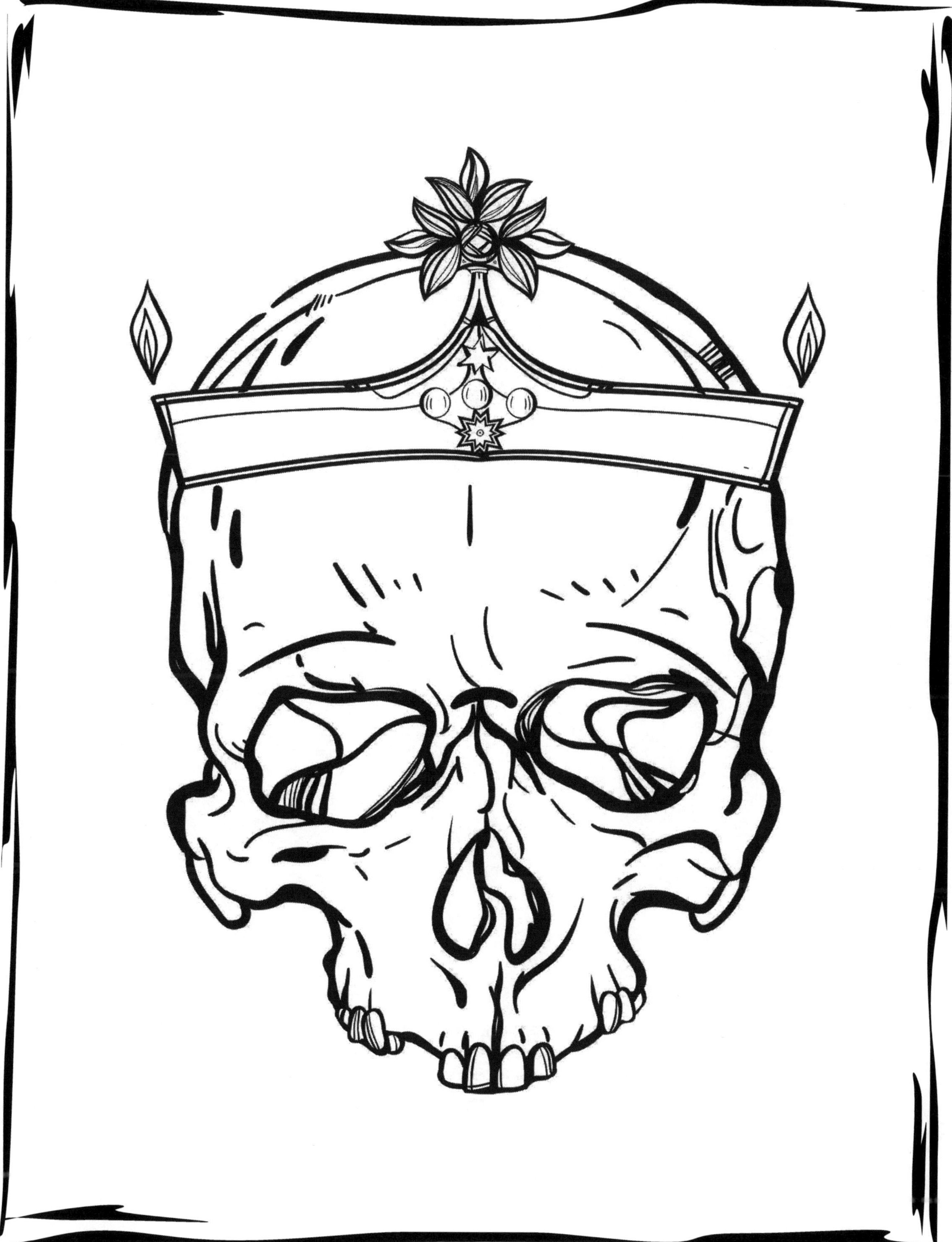

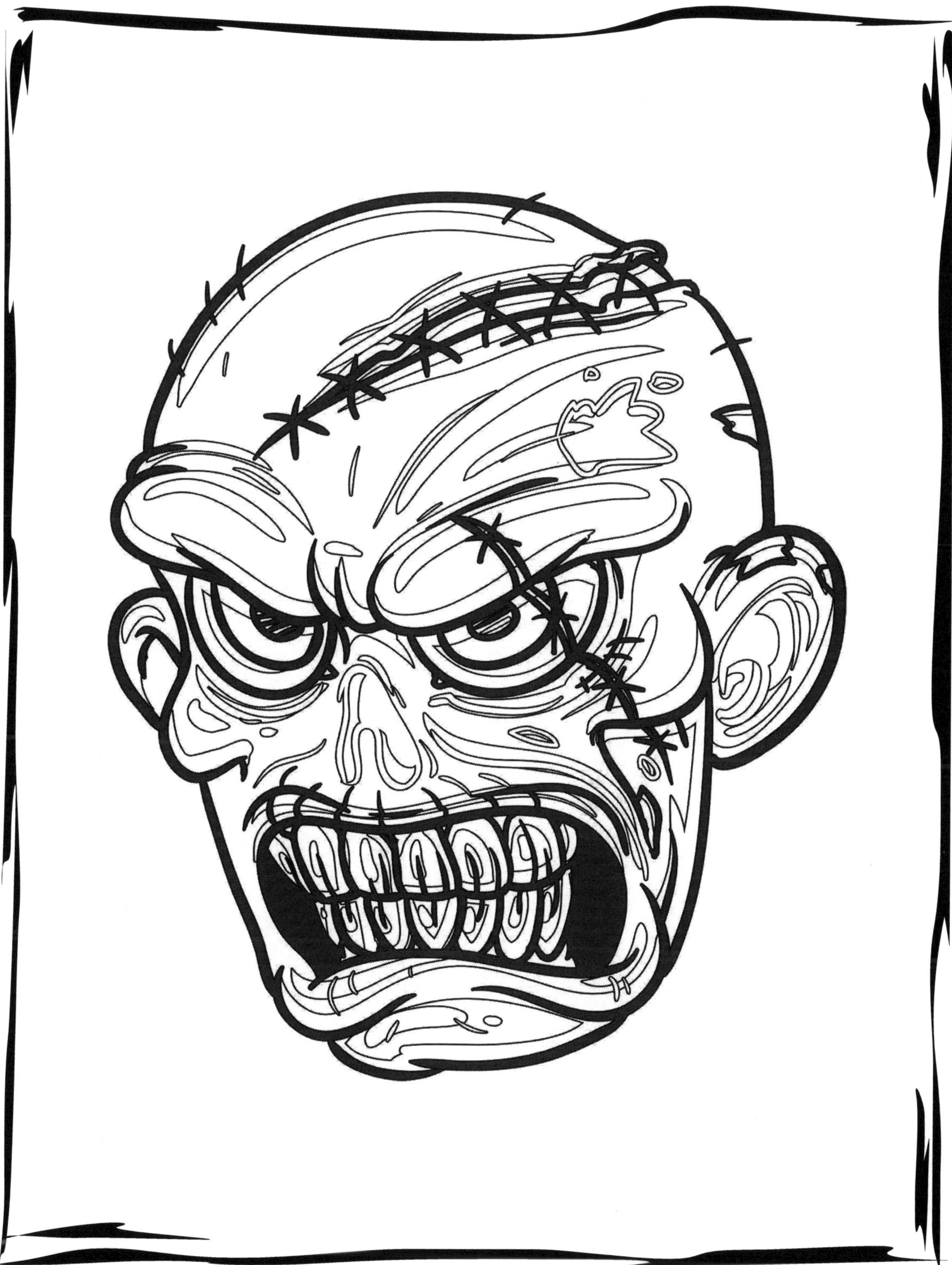

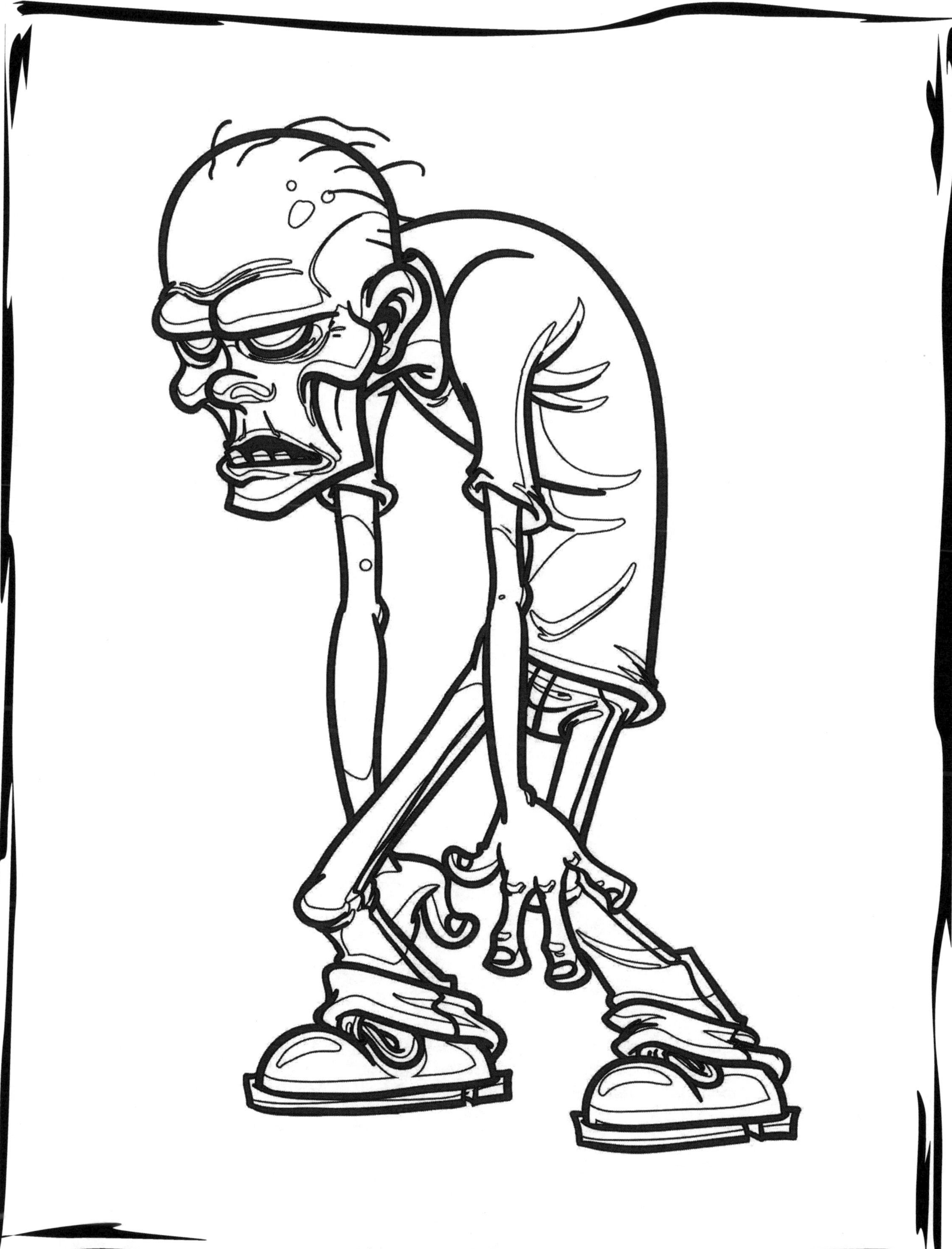

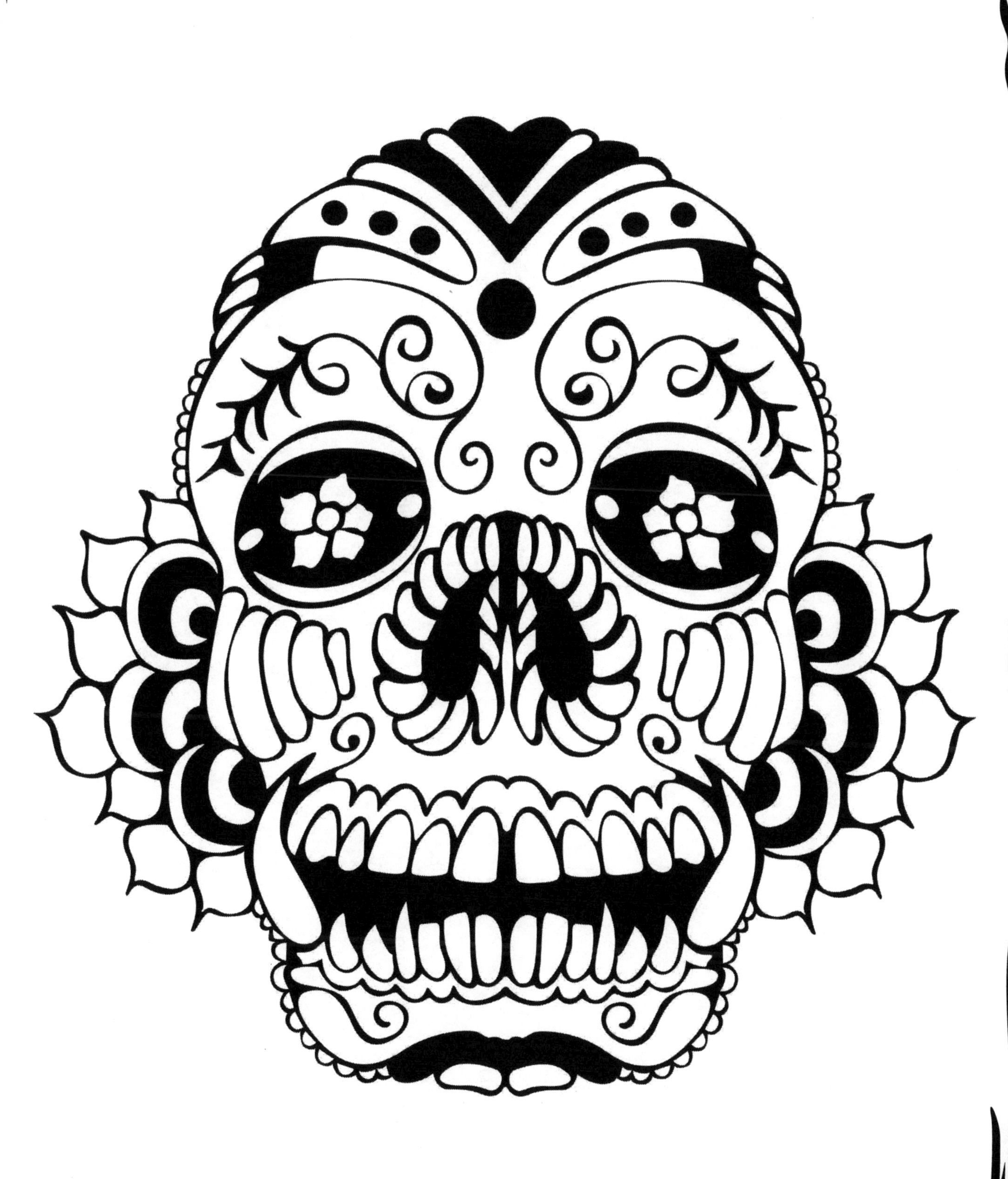

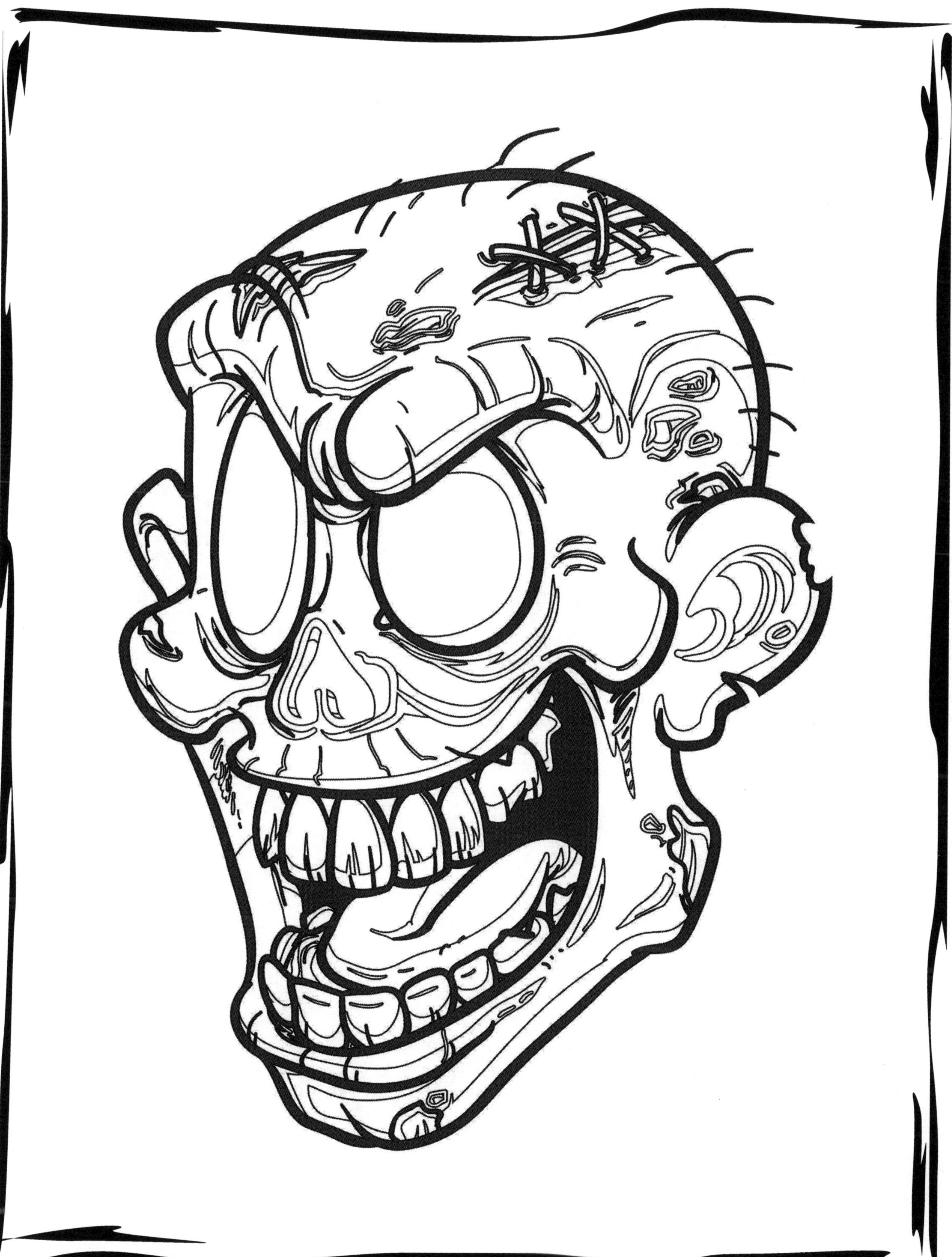

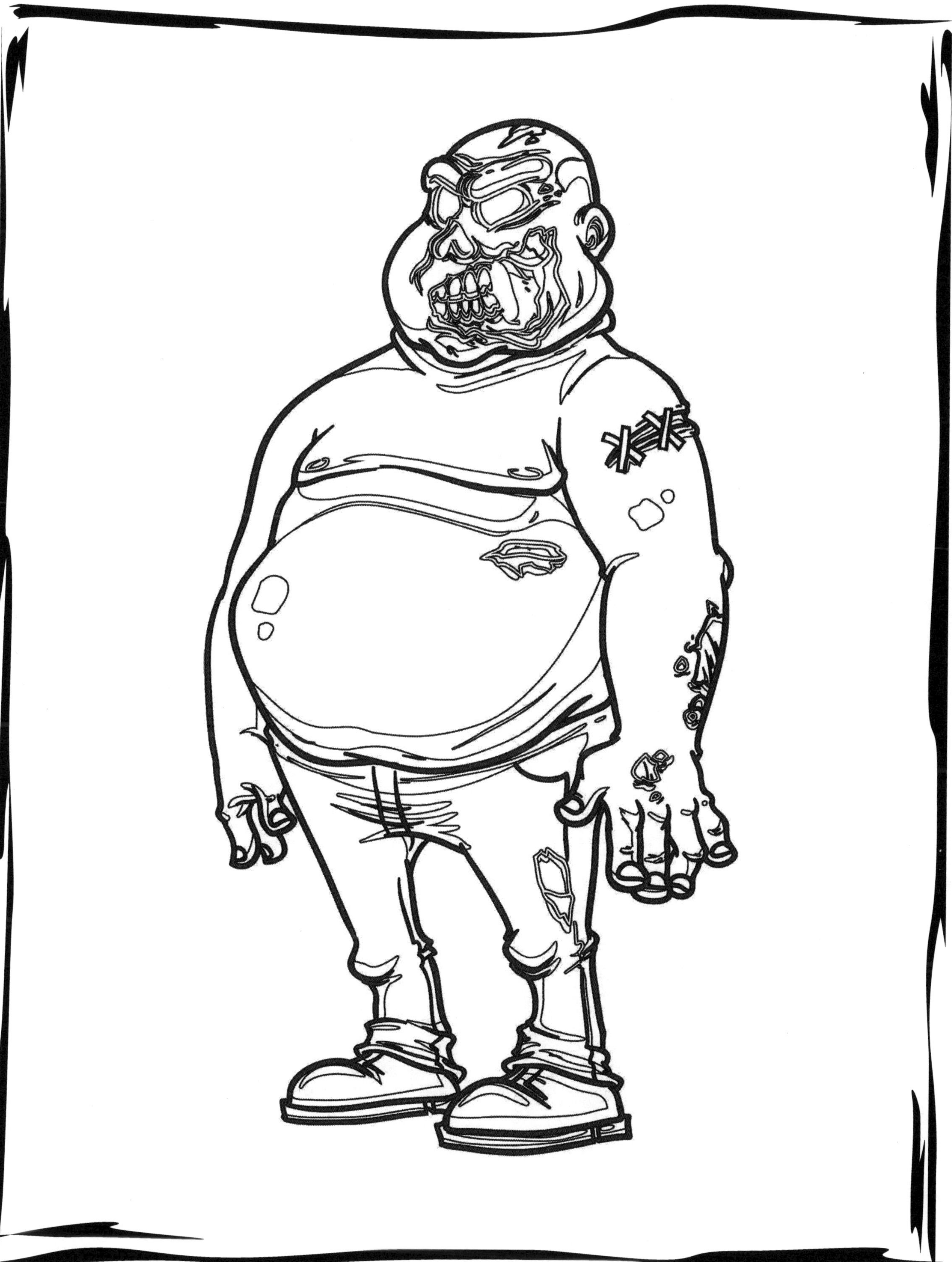

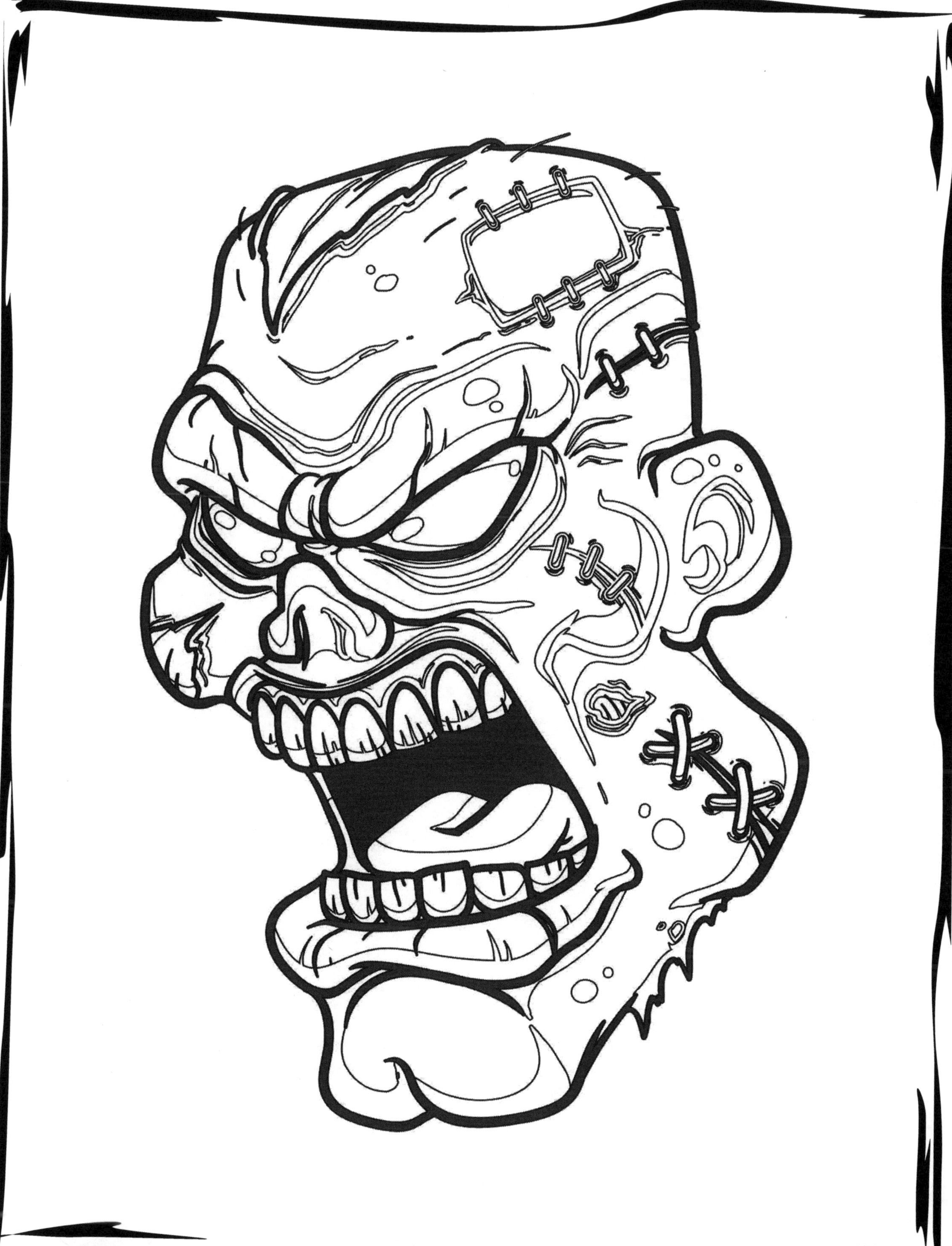

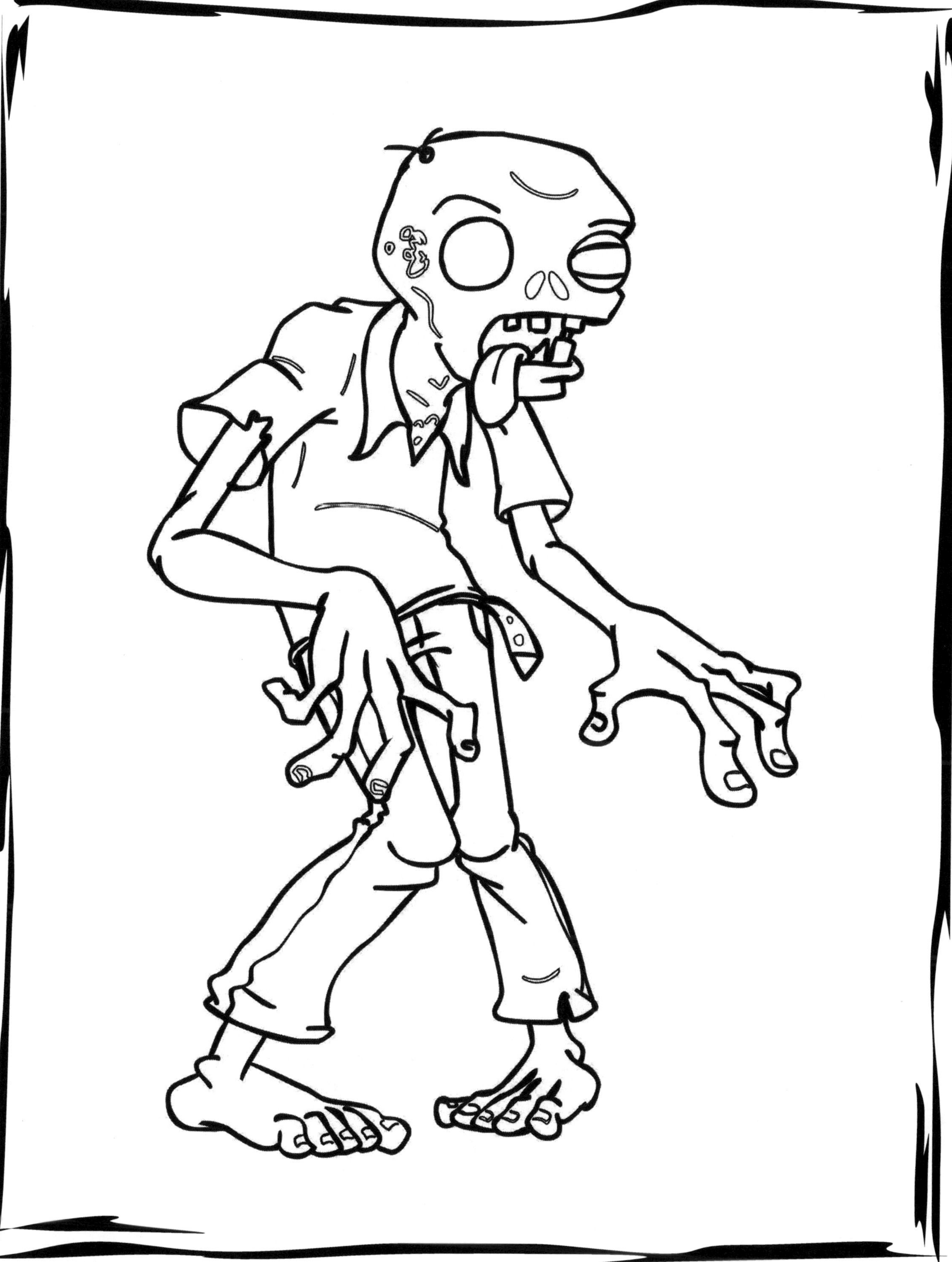

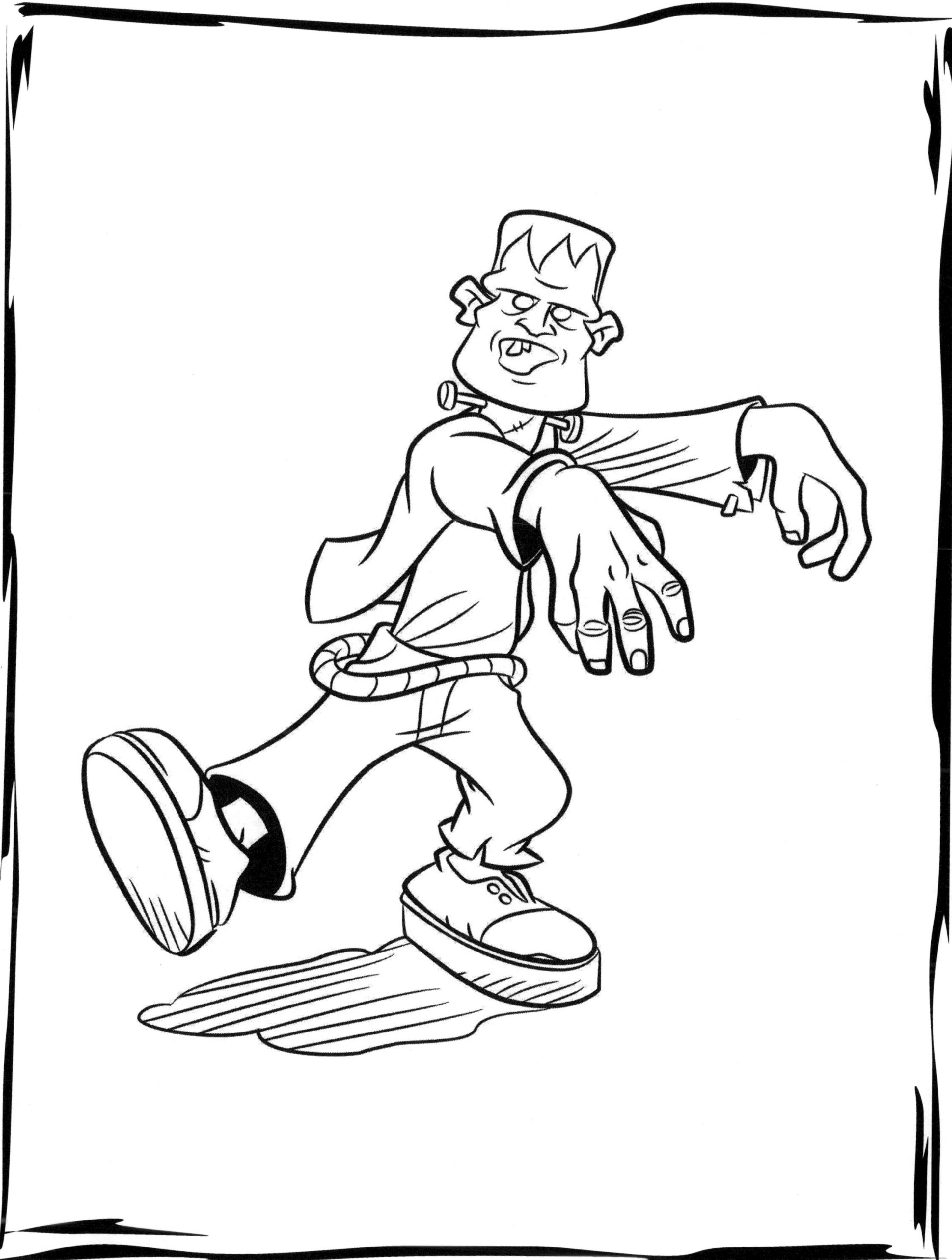

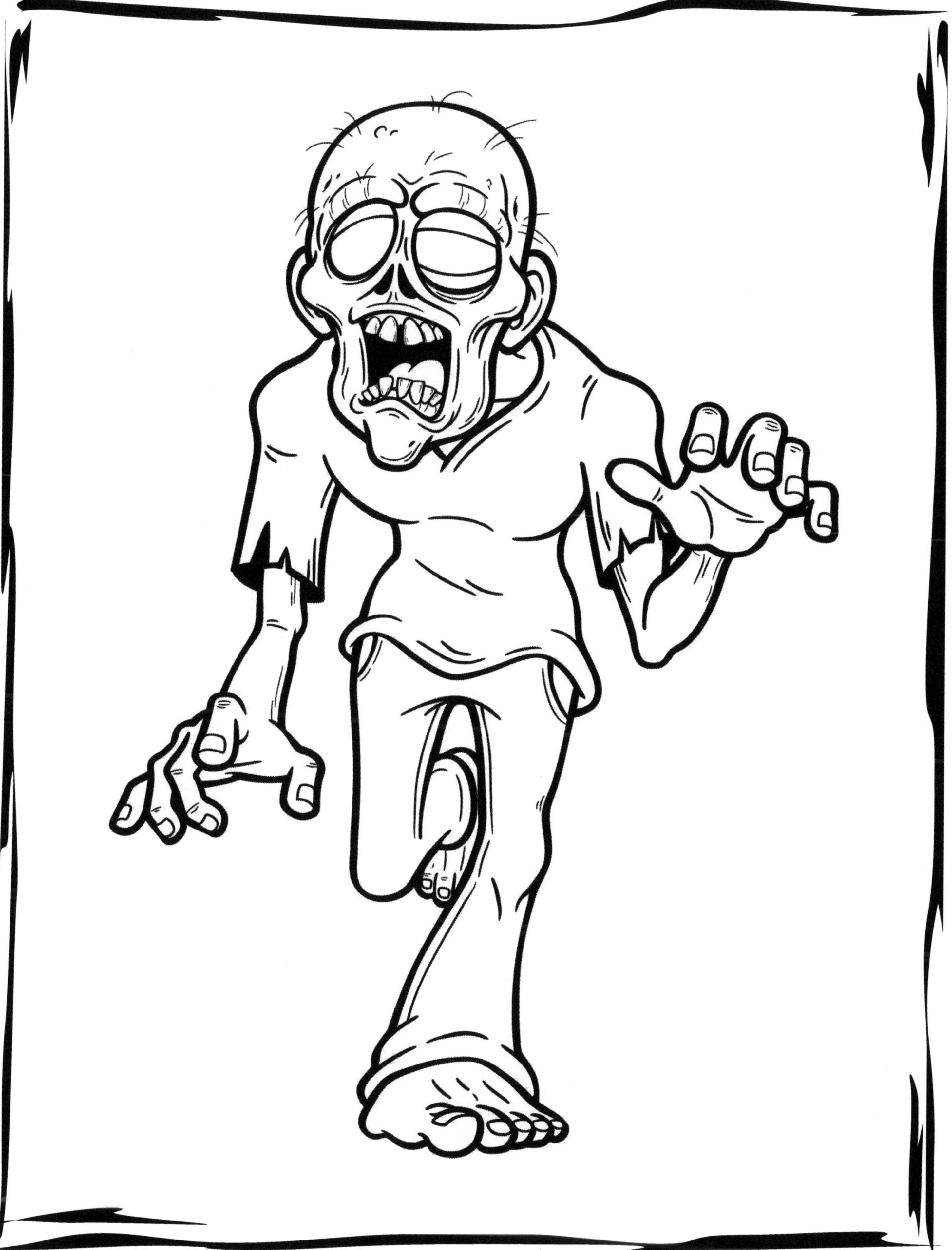

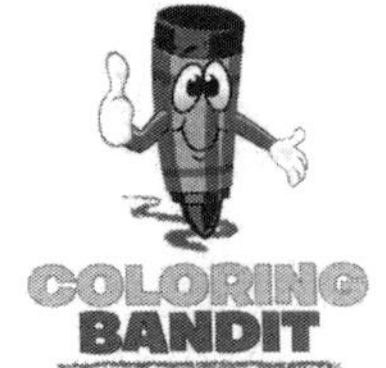
COLORING
BANDIT

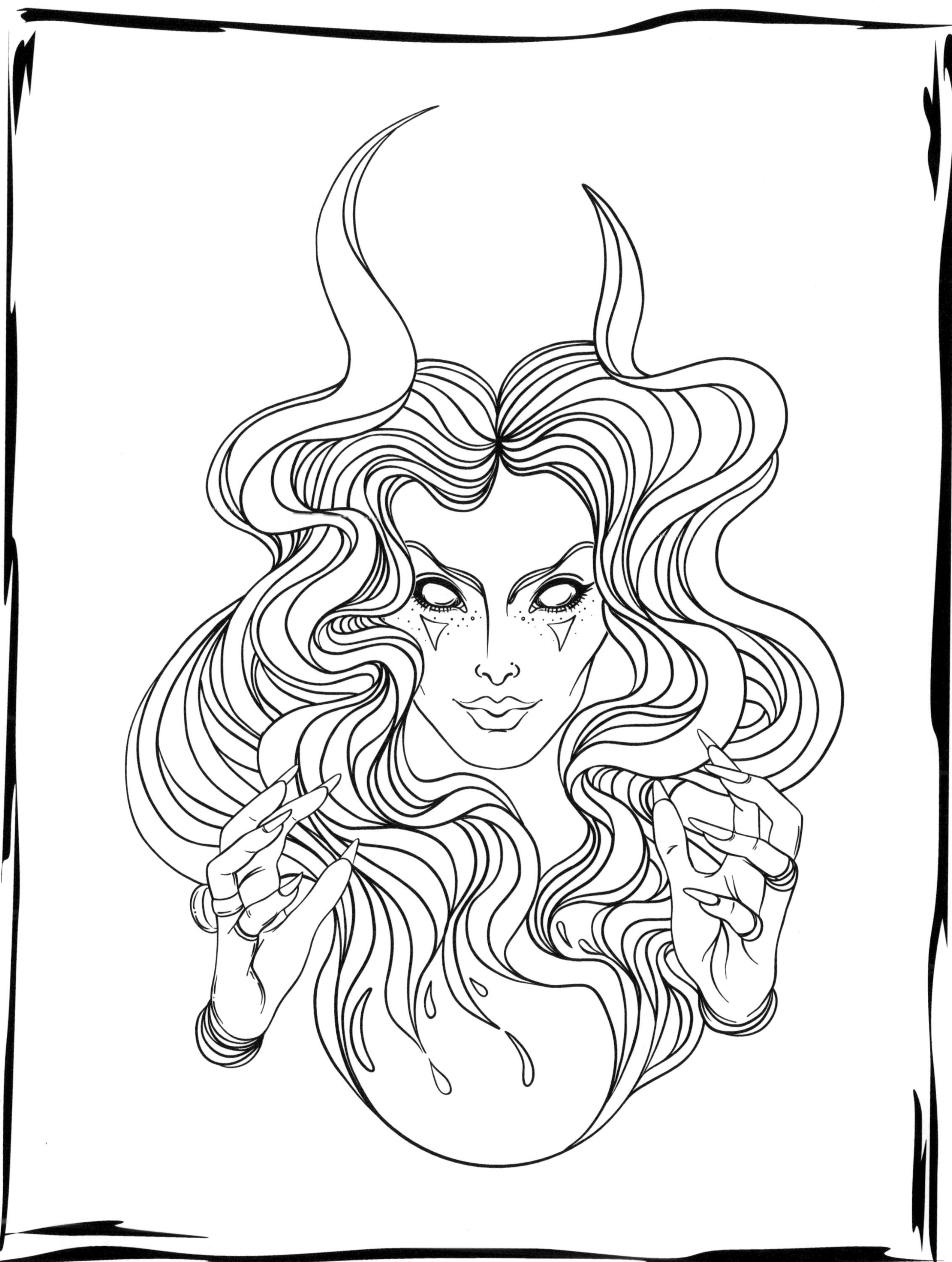

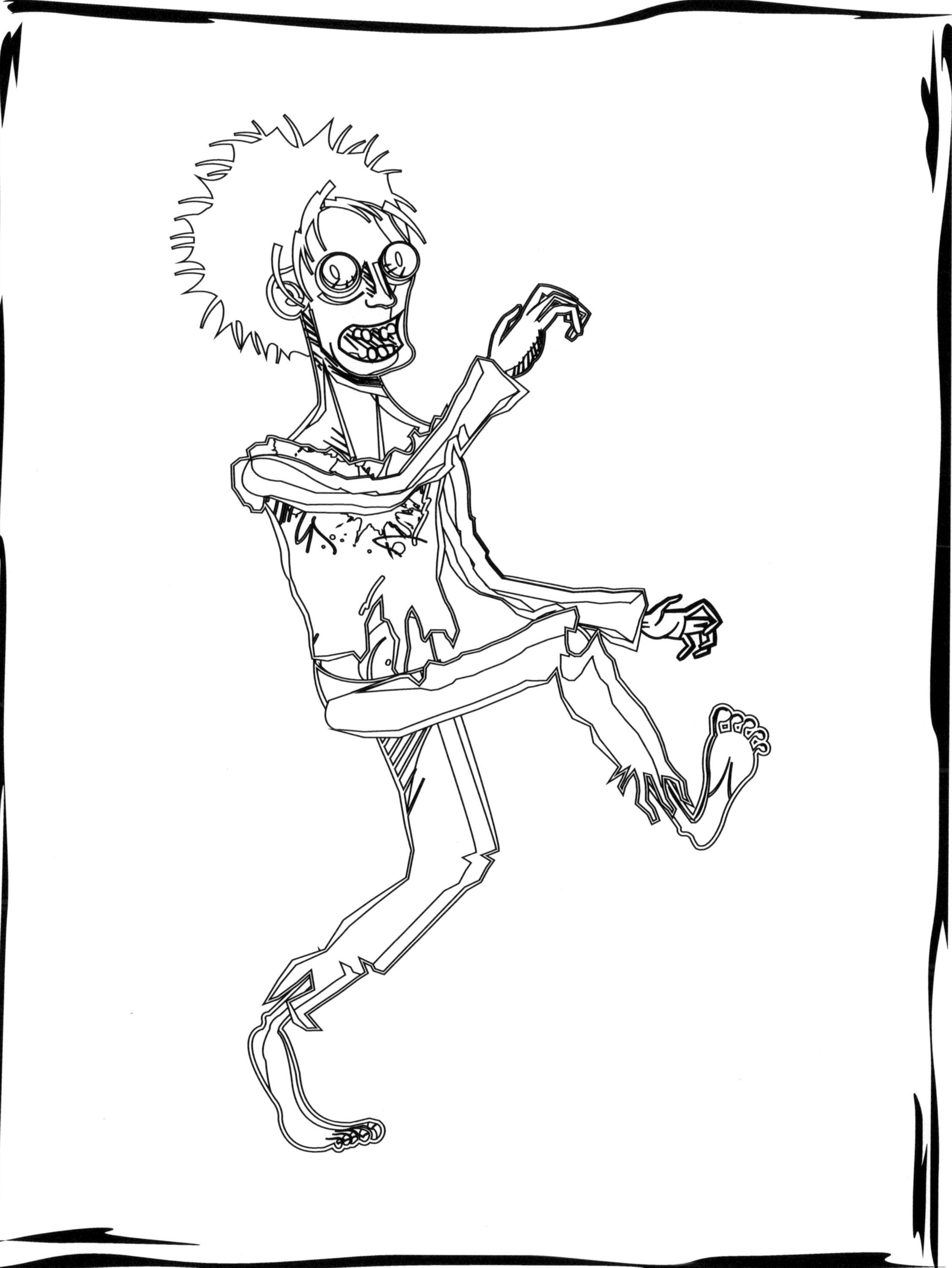

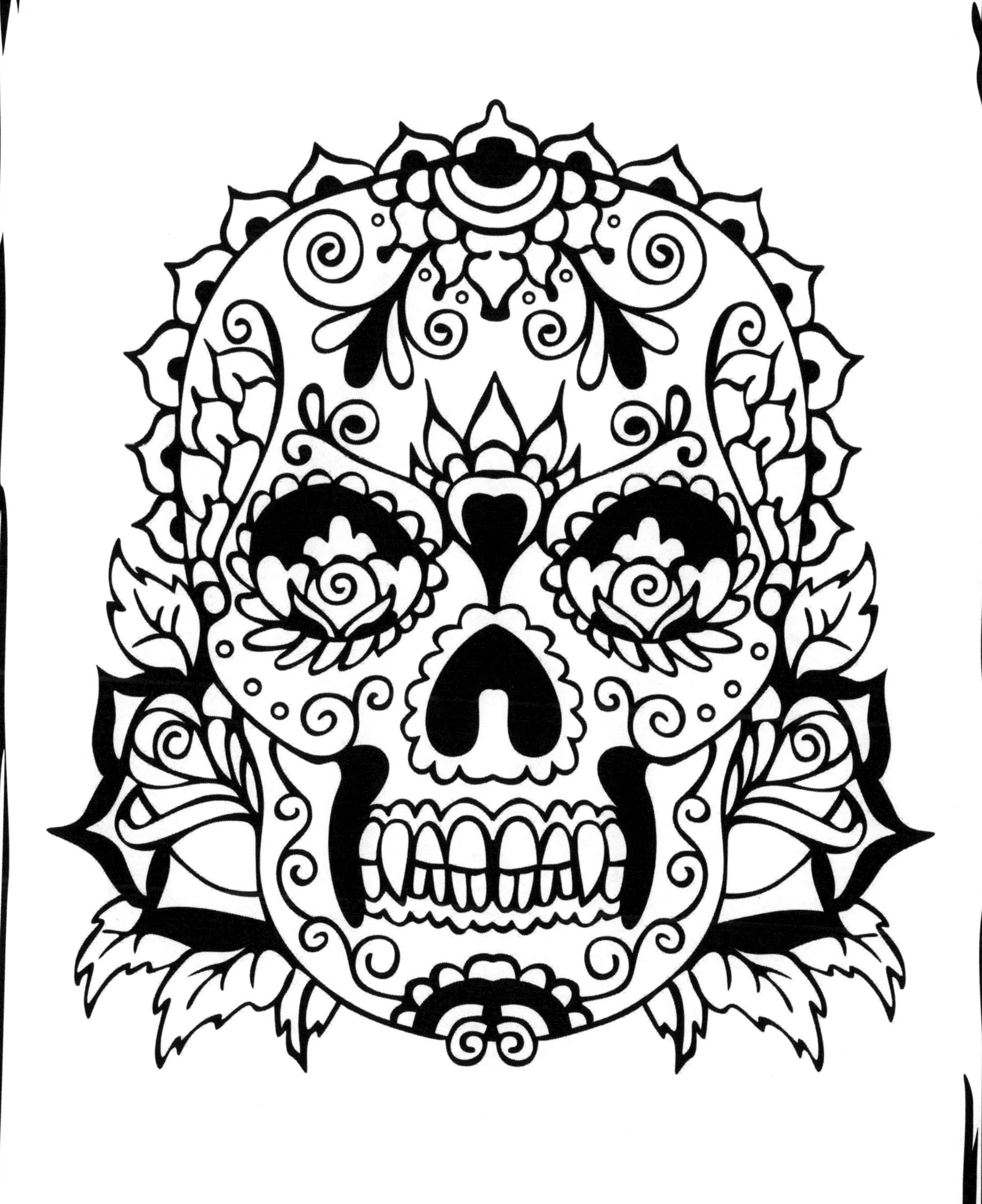

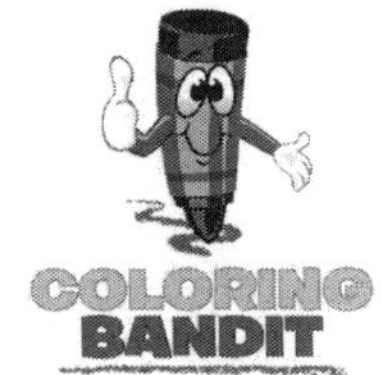

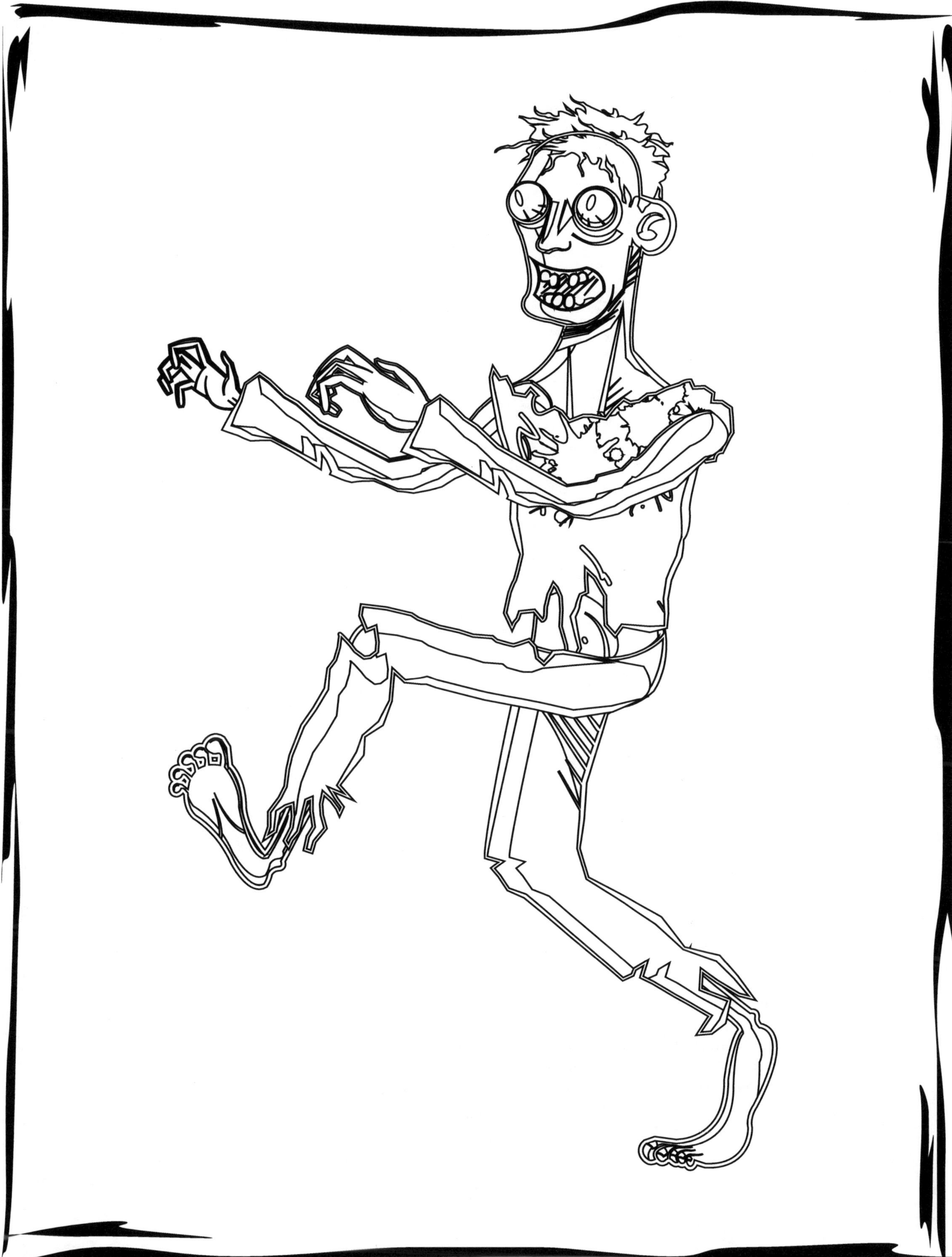

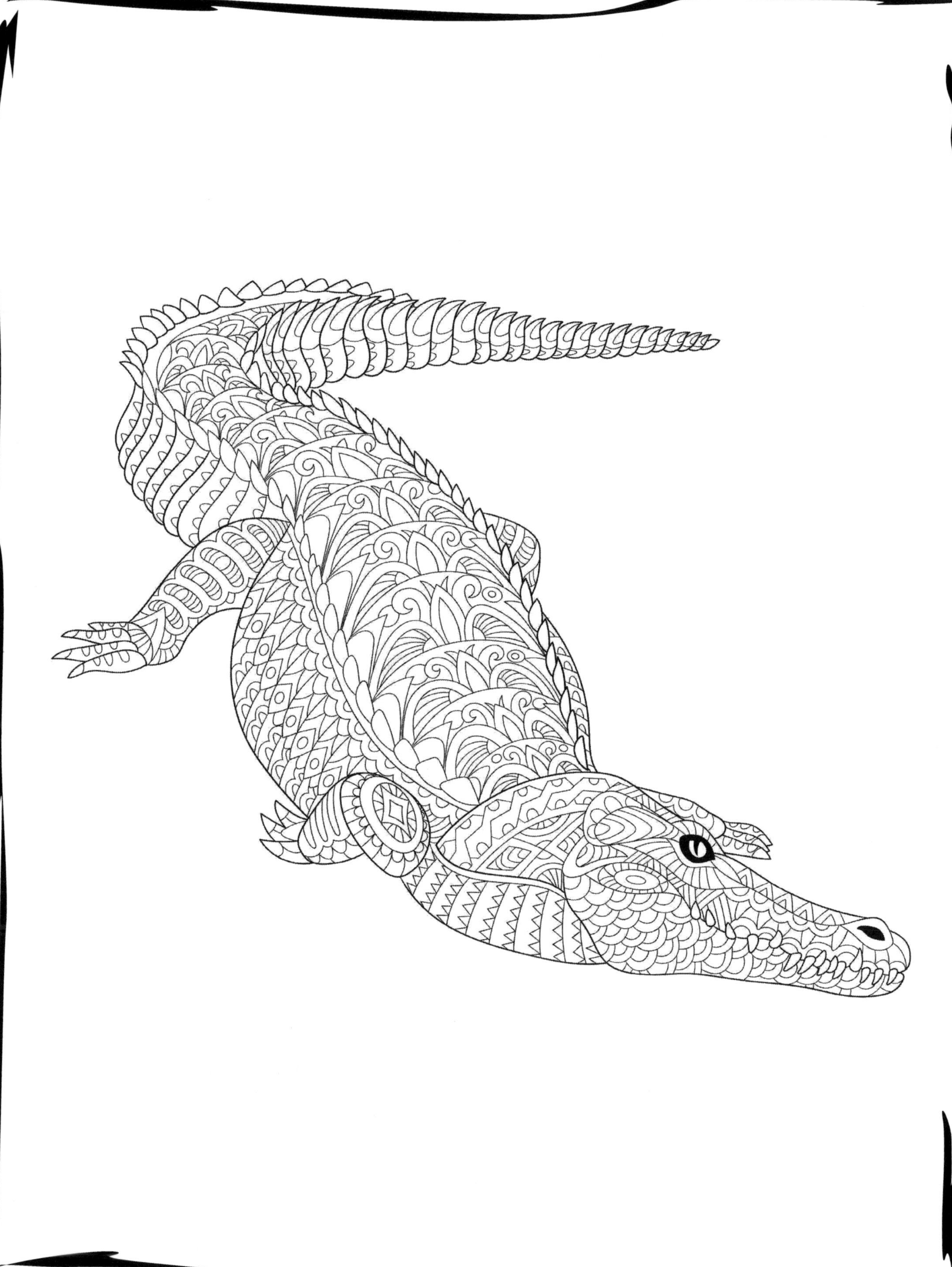

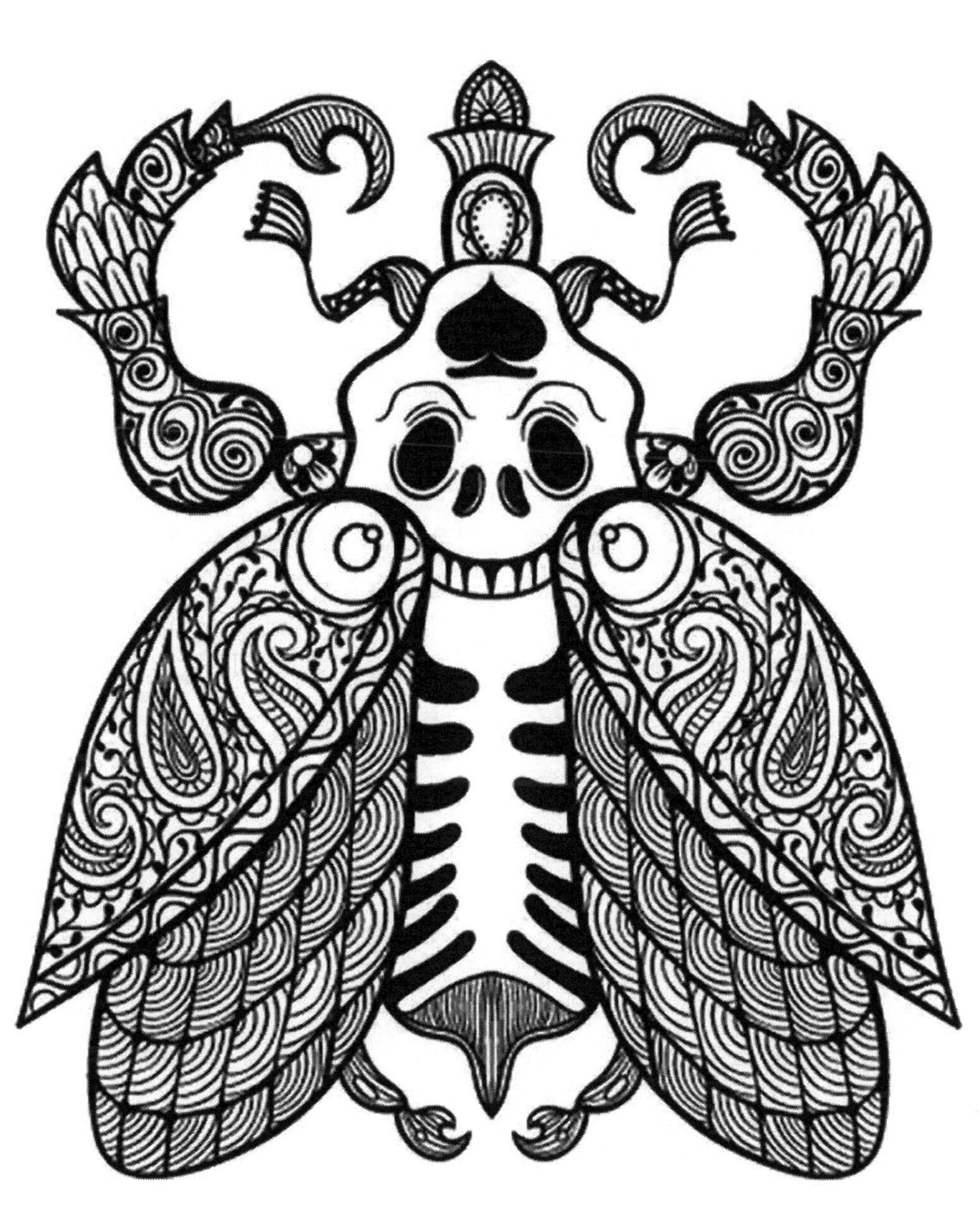

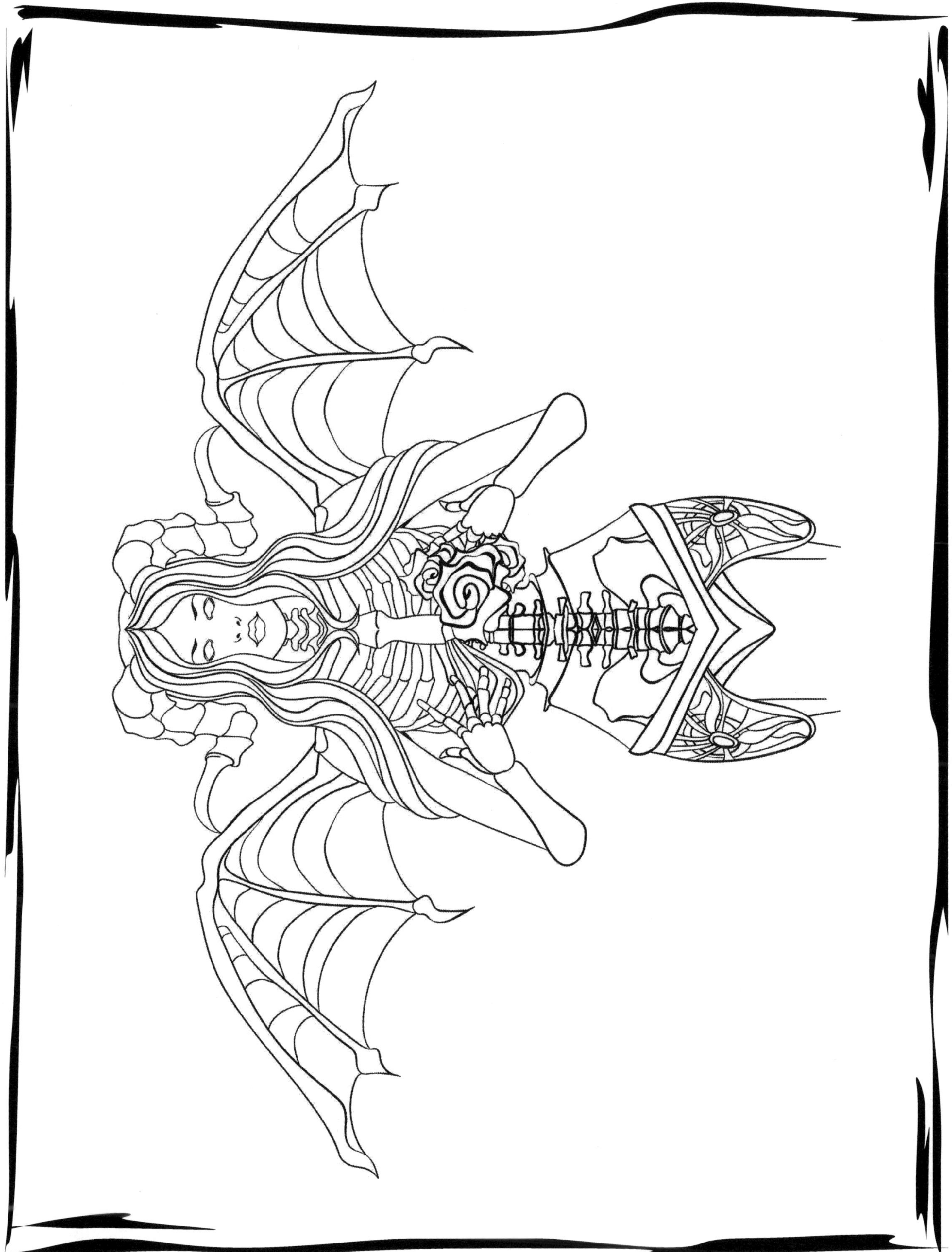

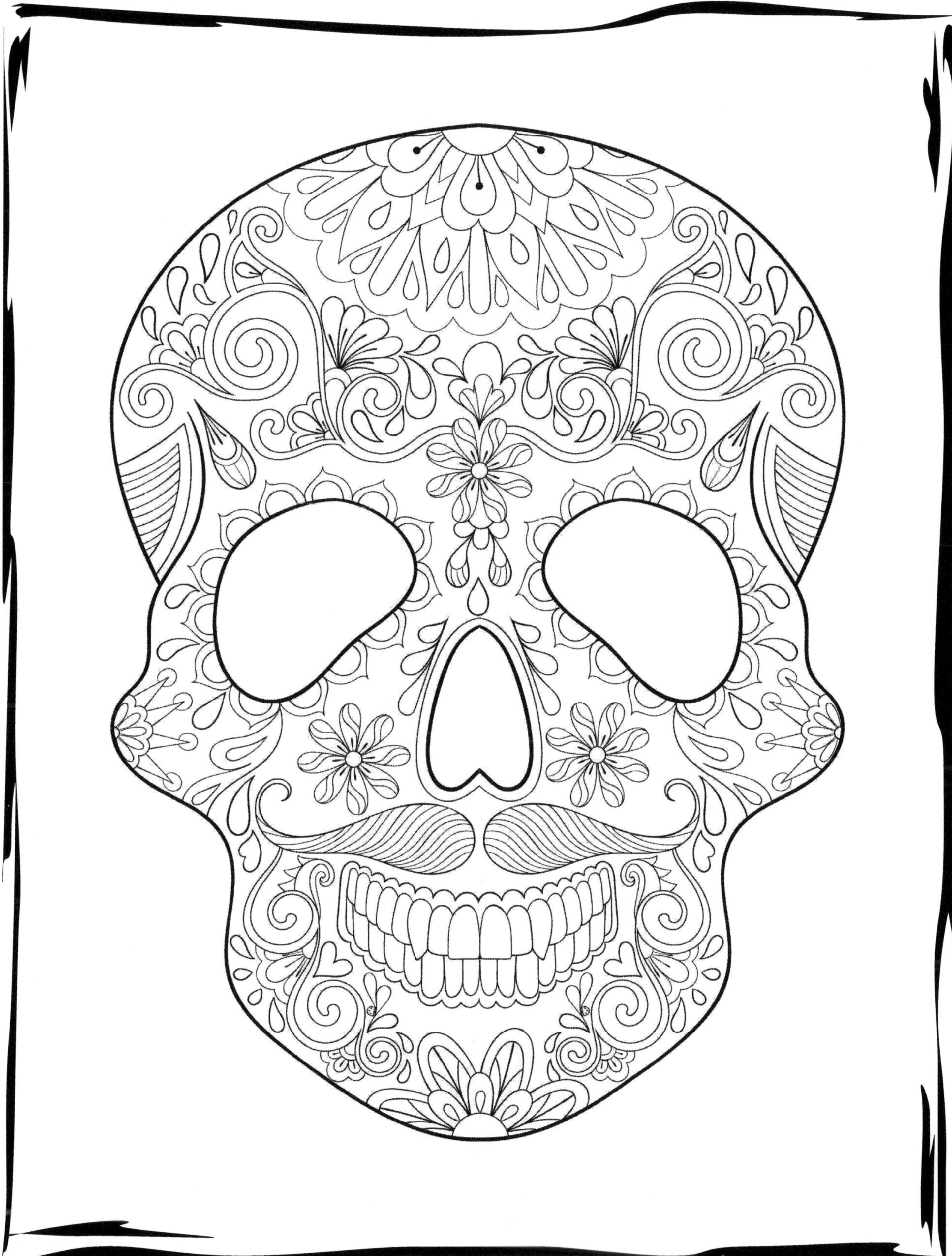

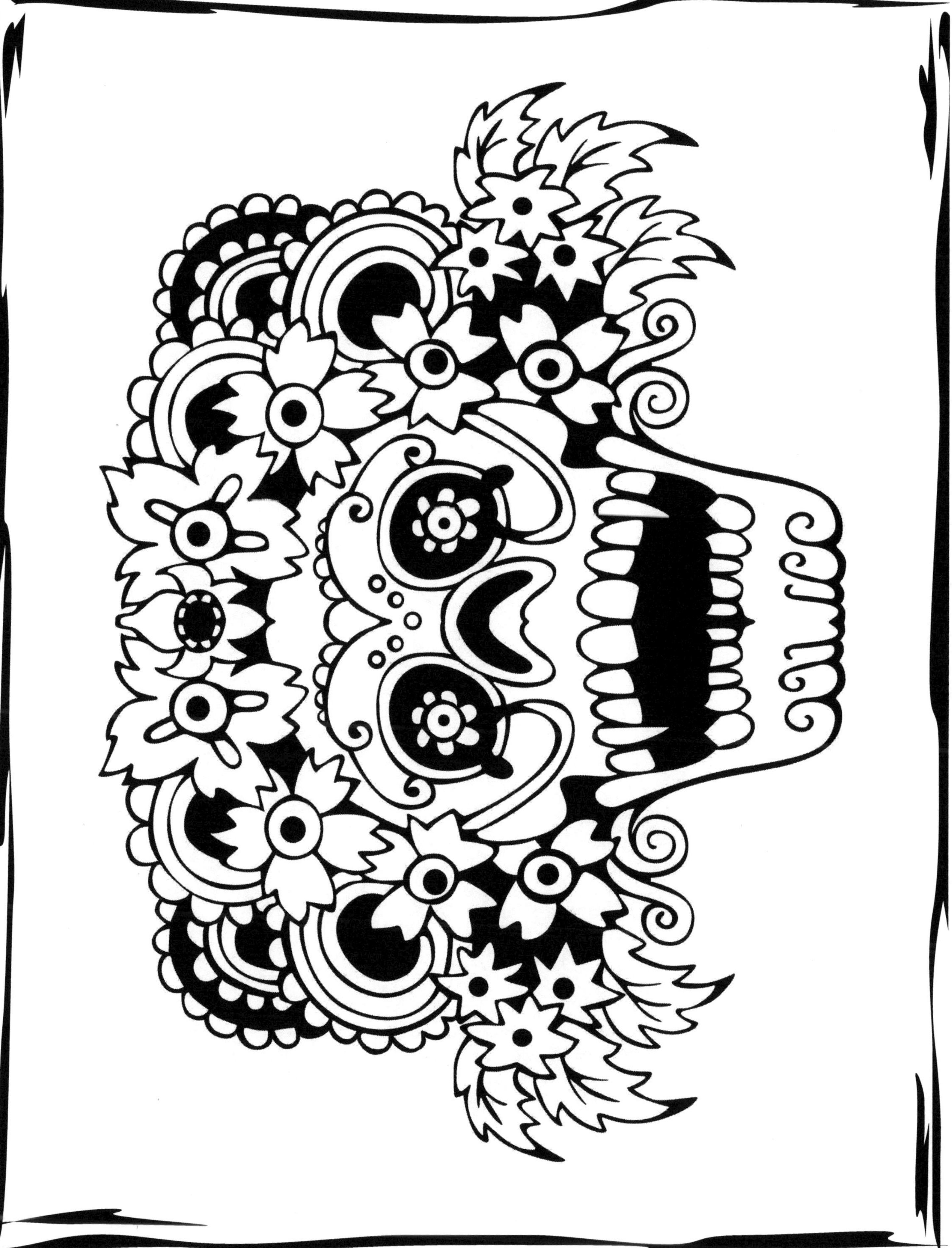

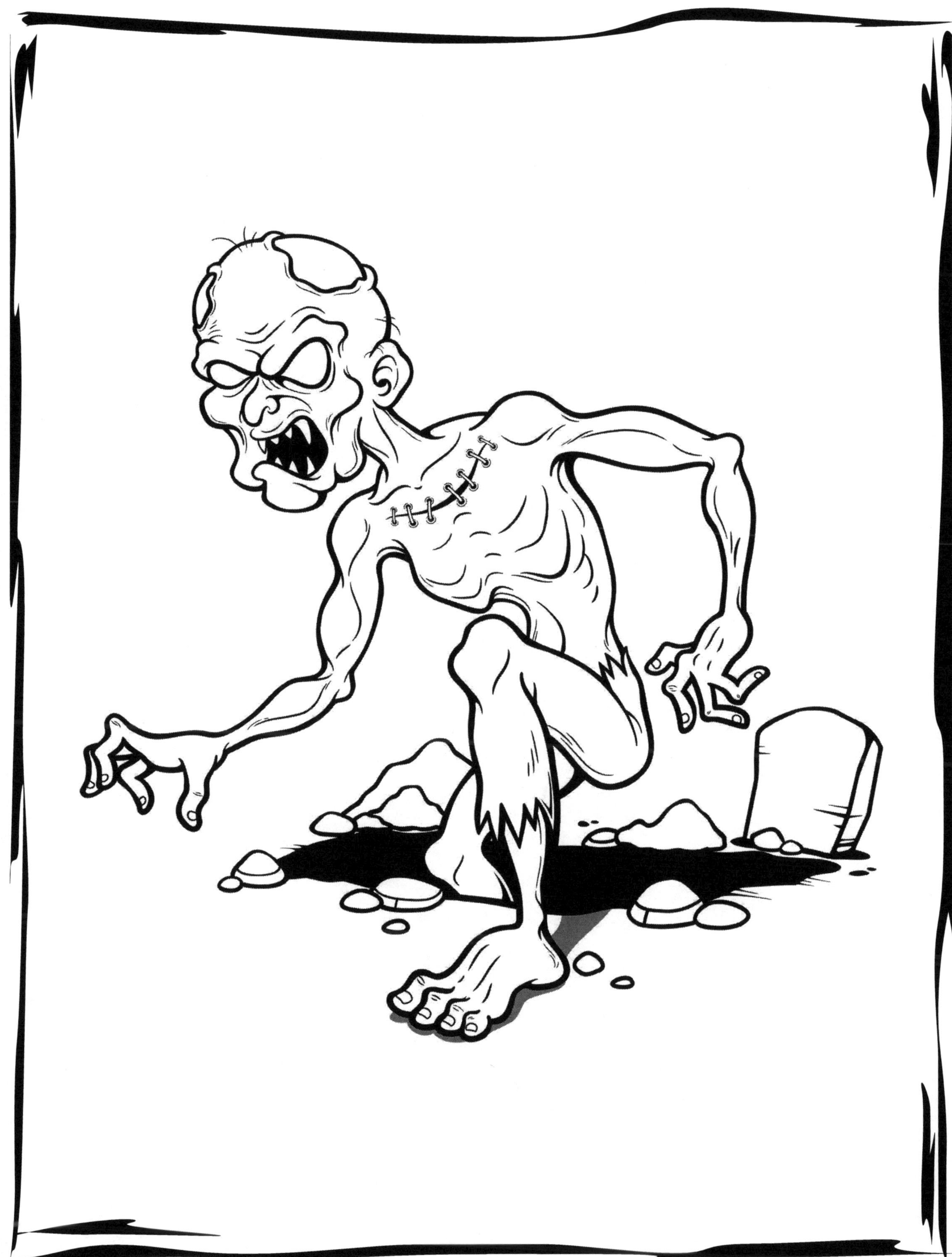

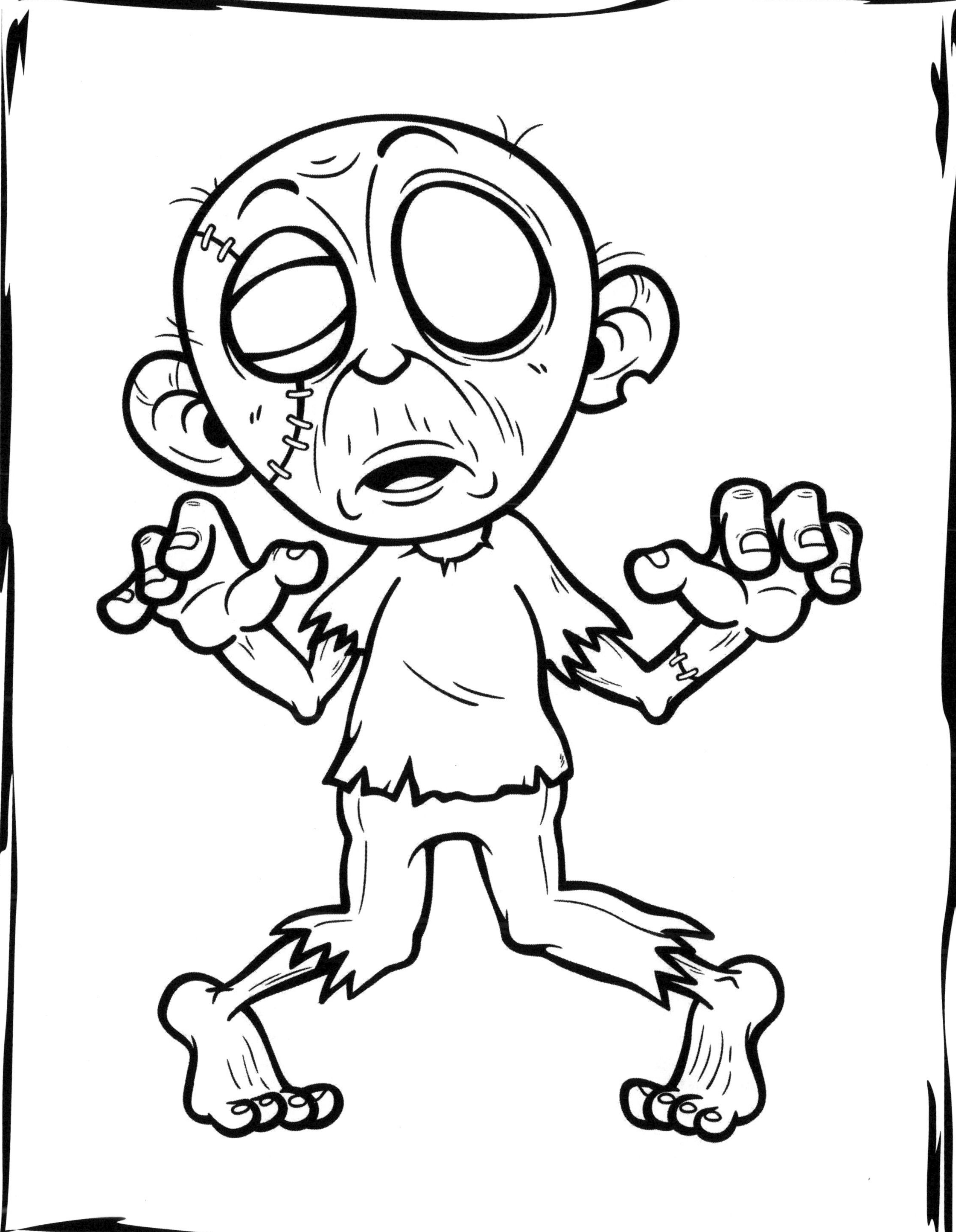

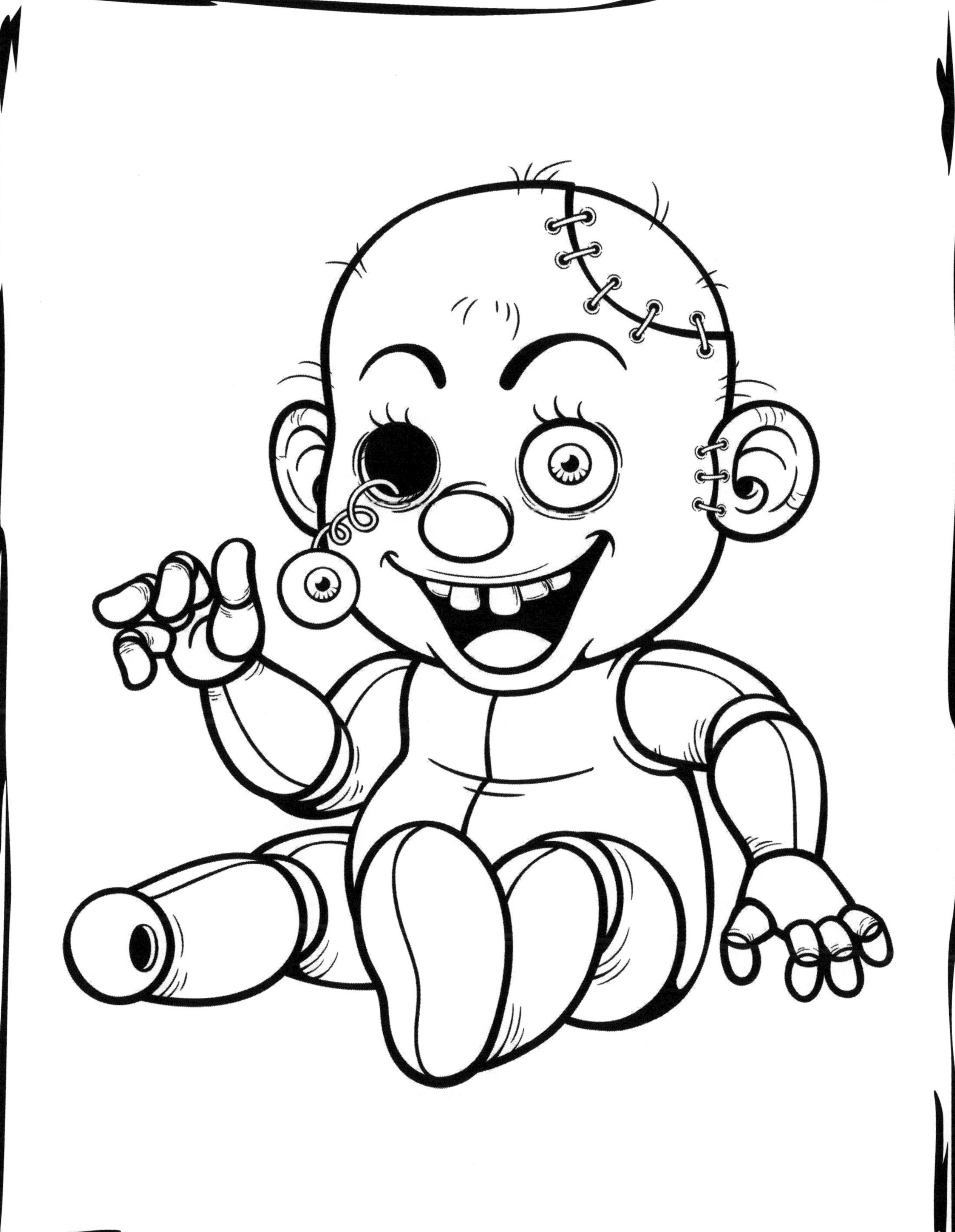

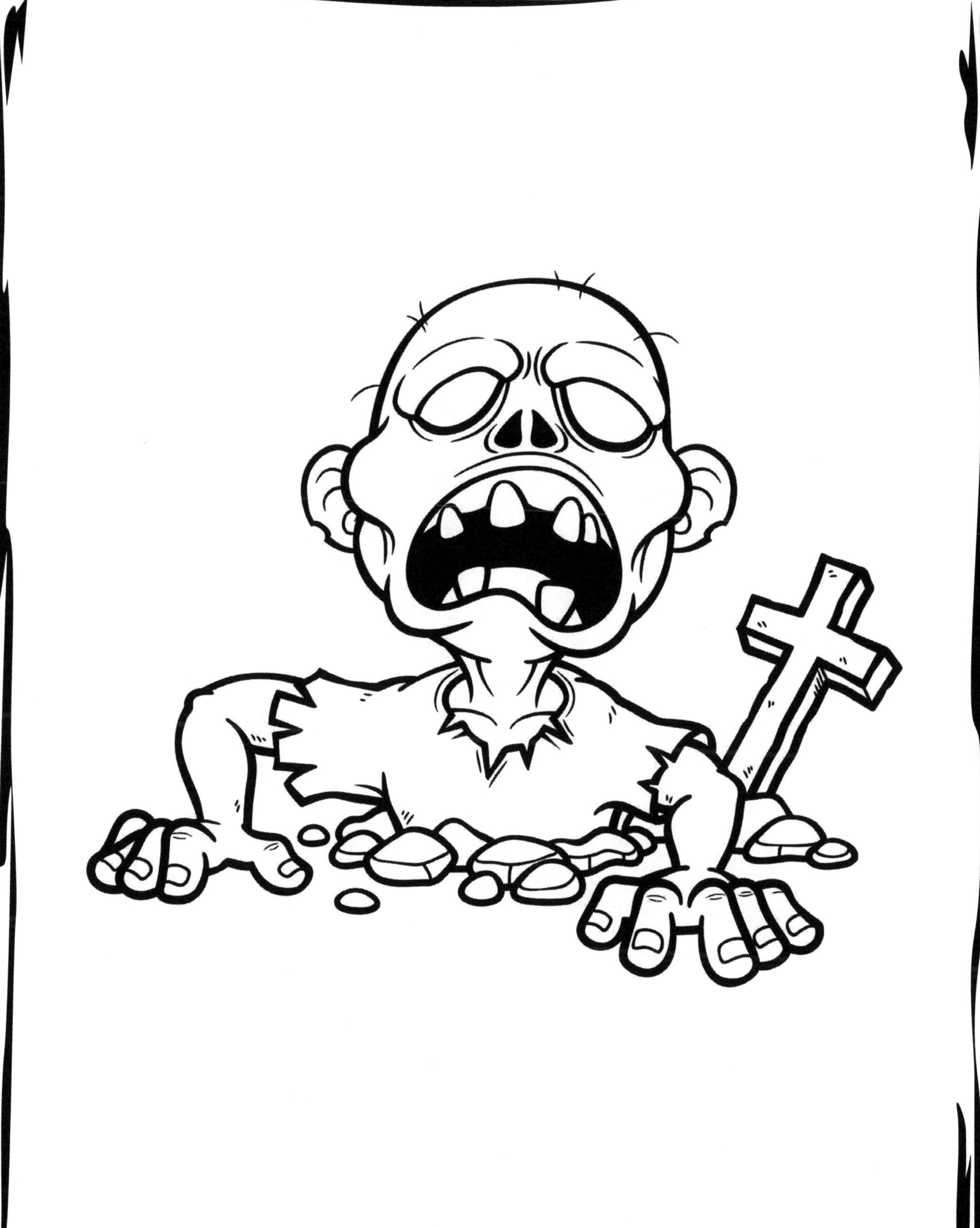

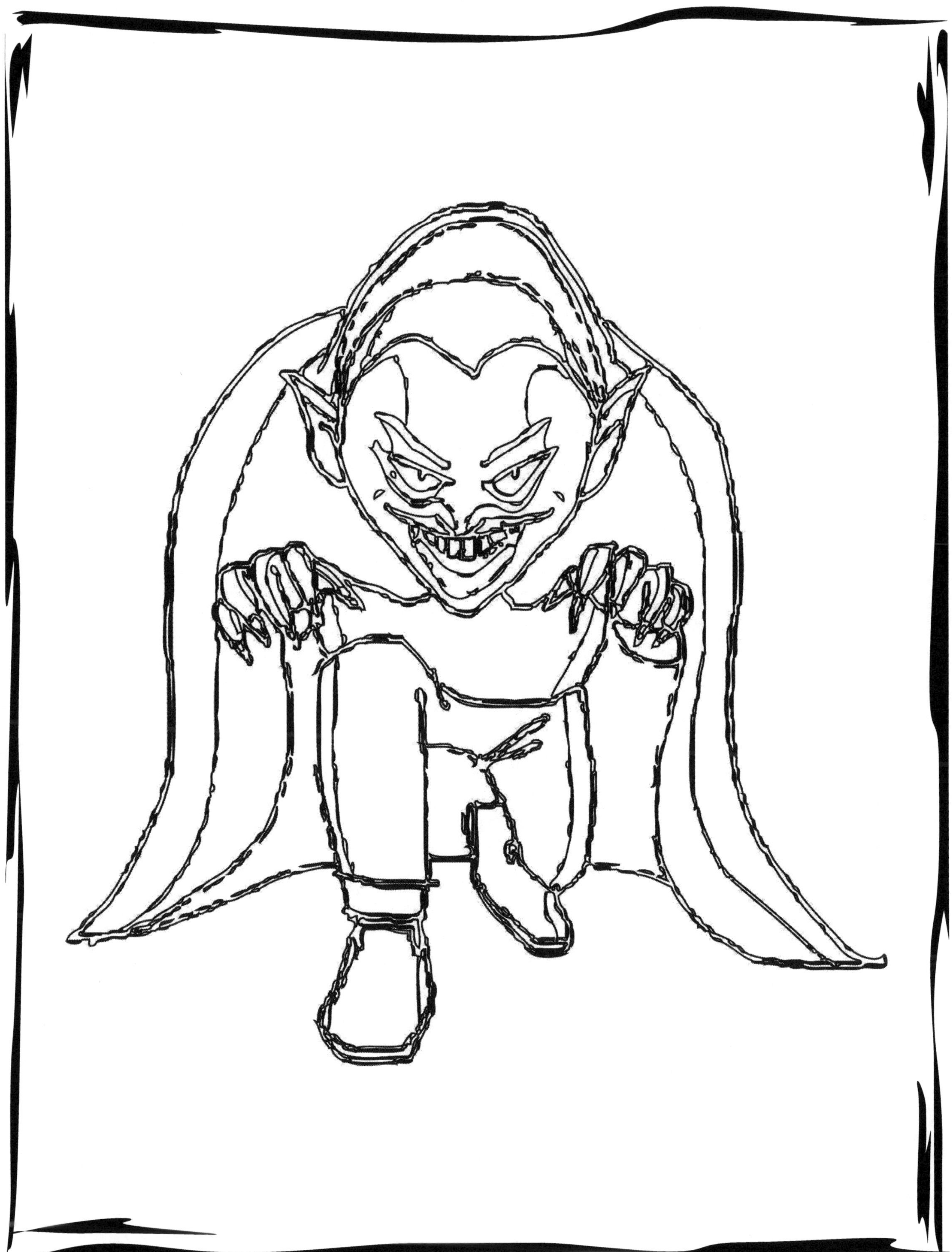

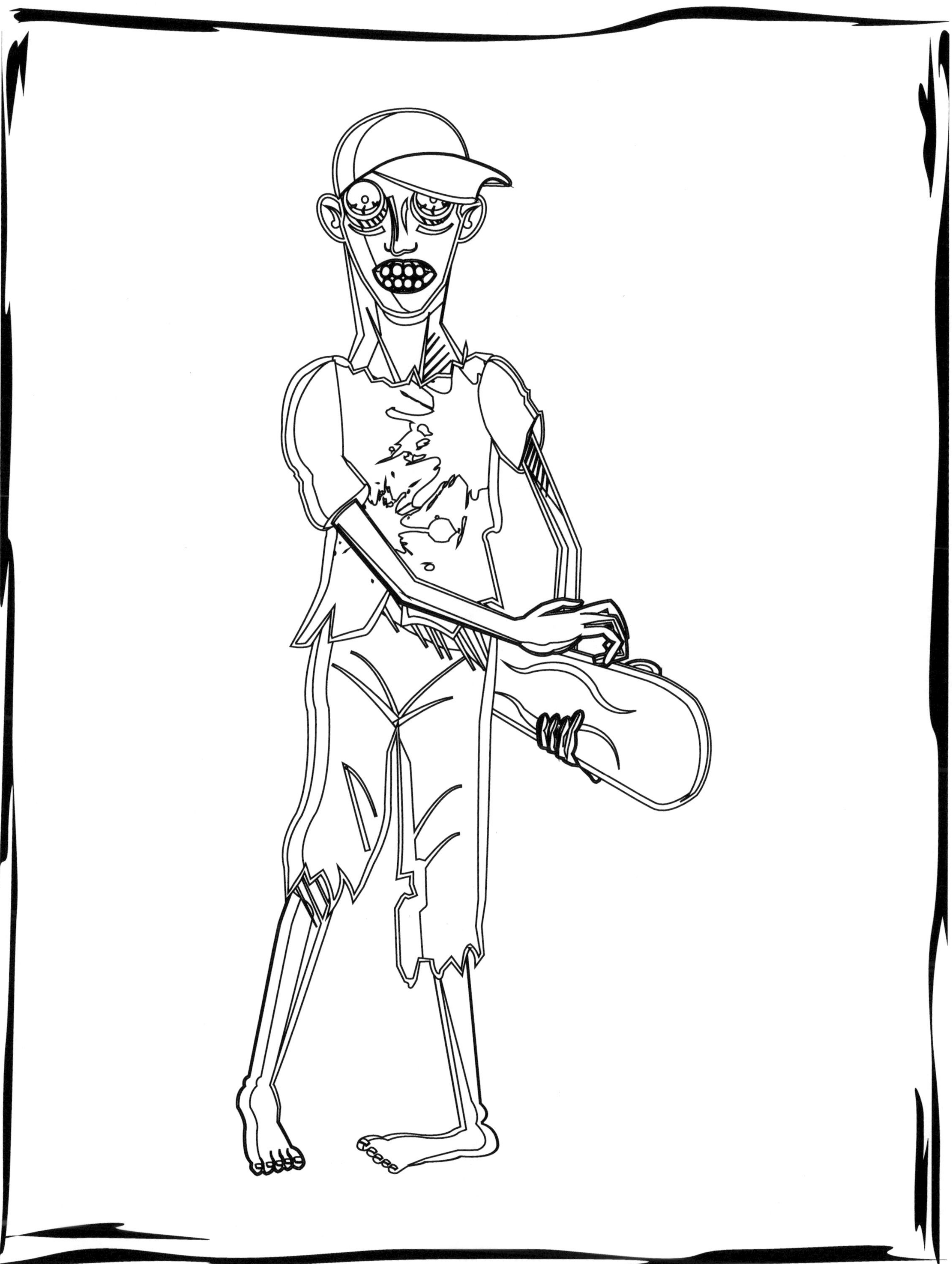

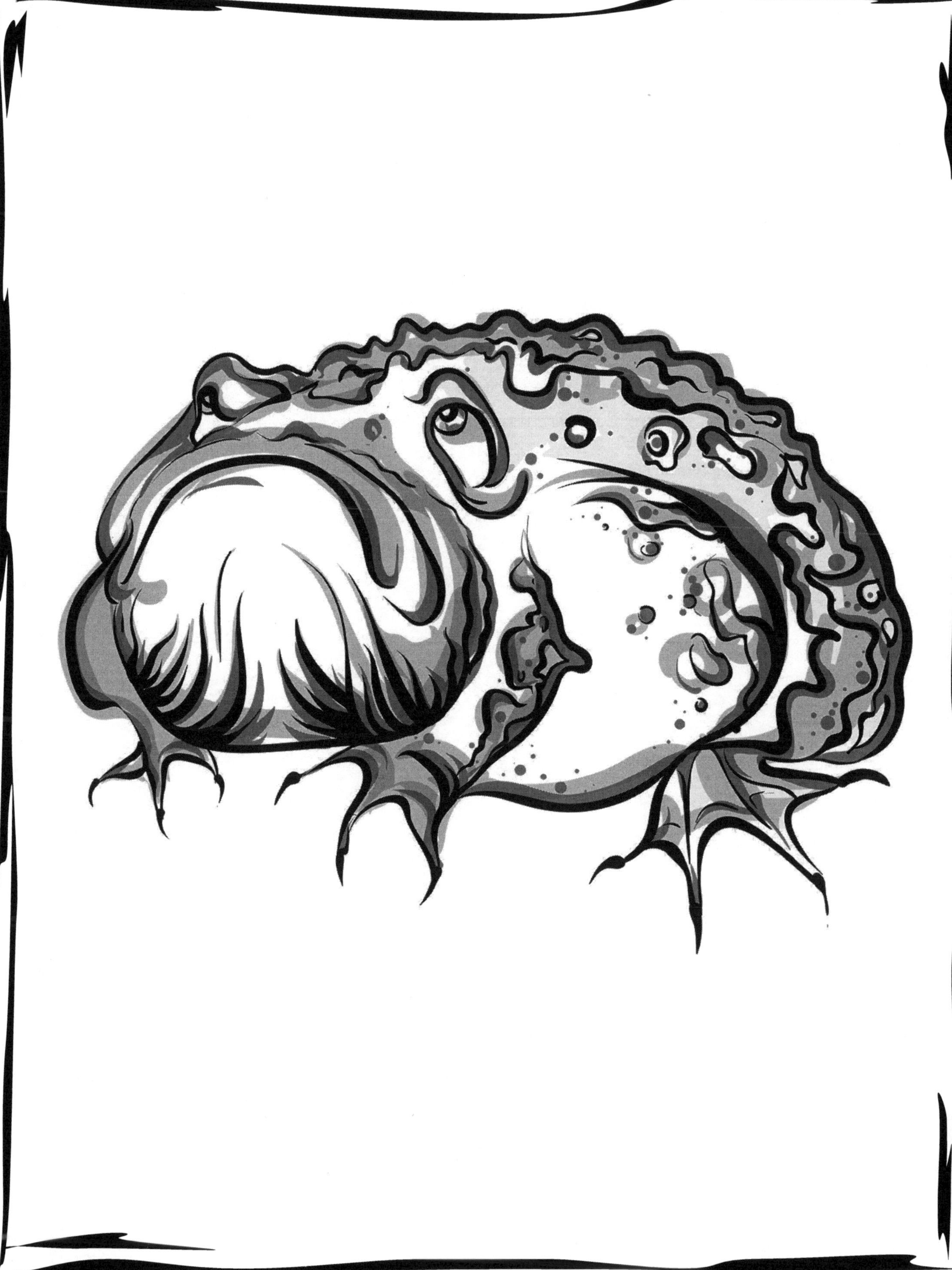

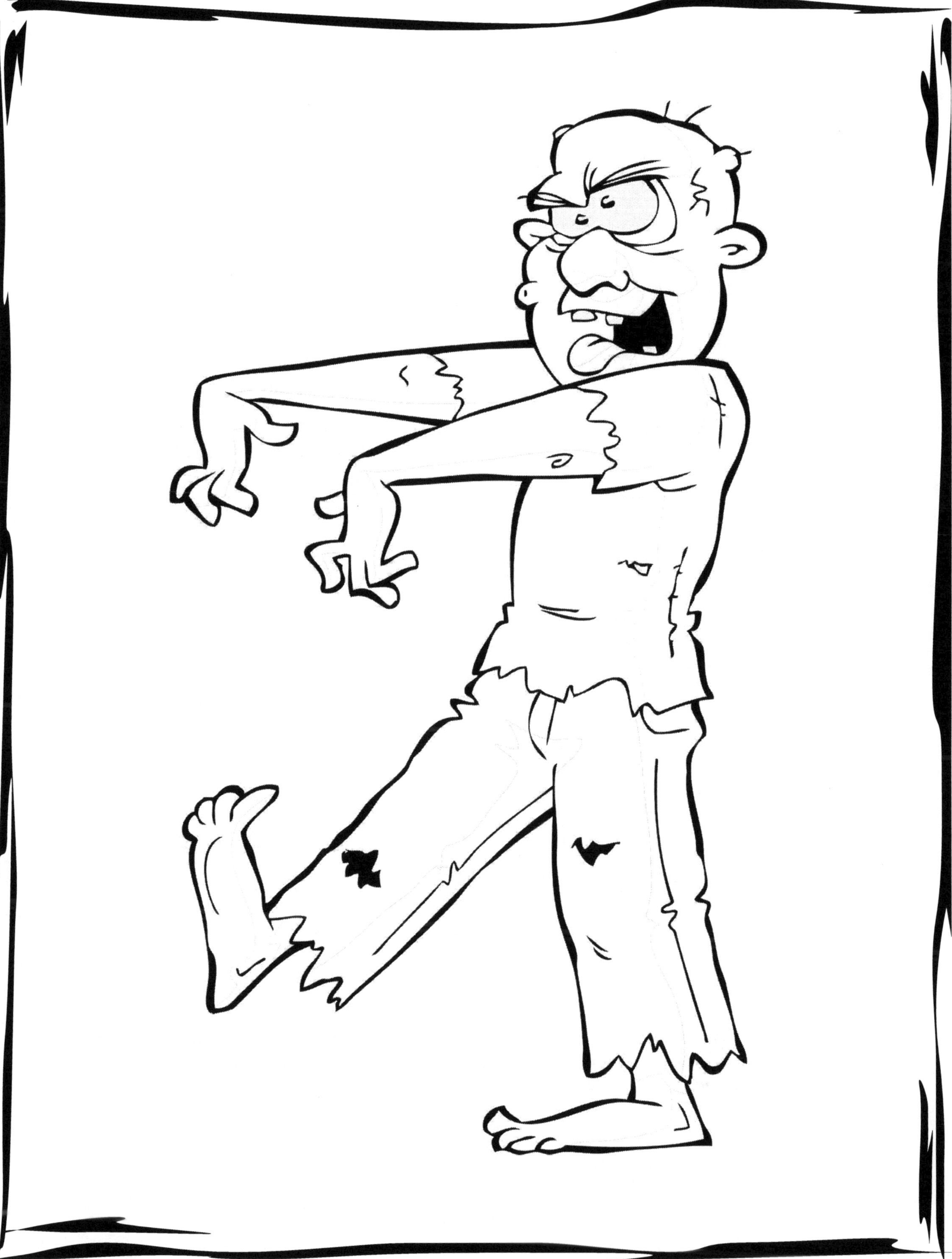

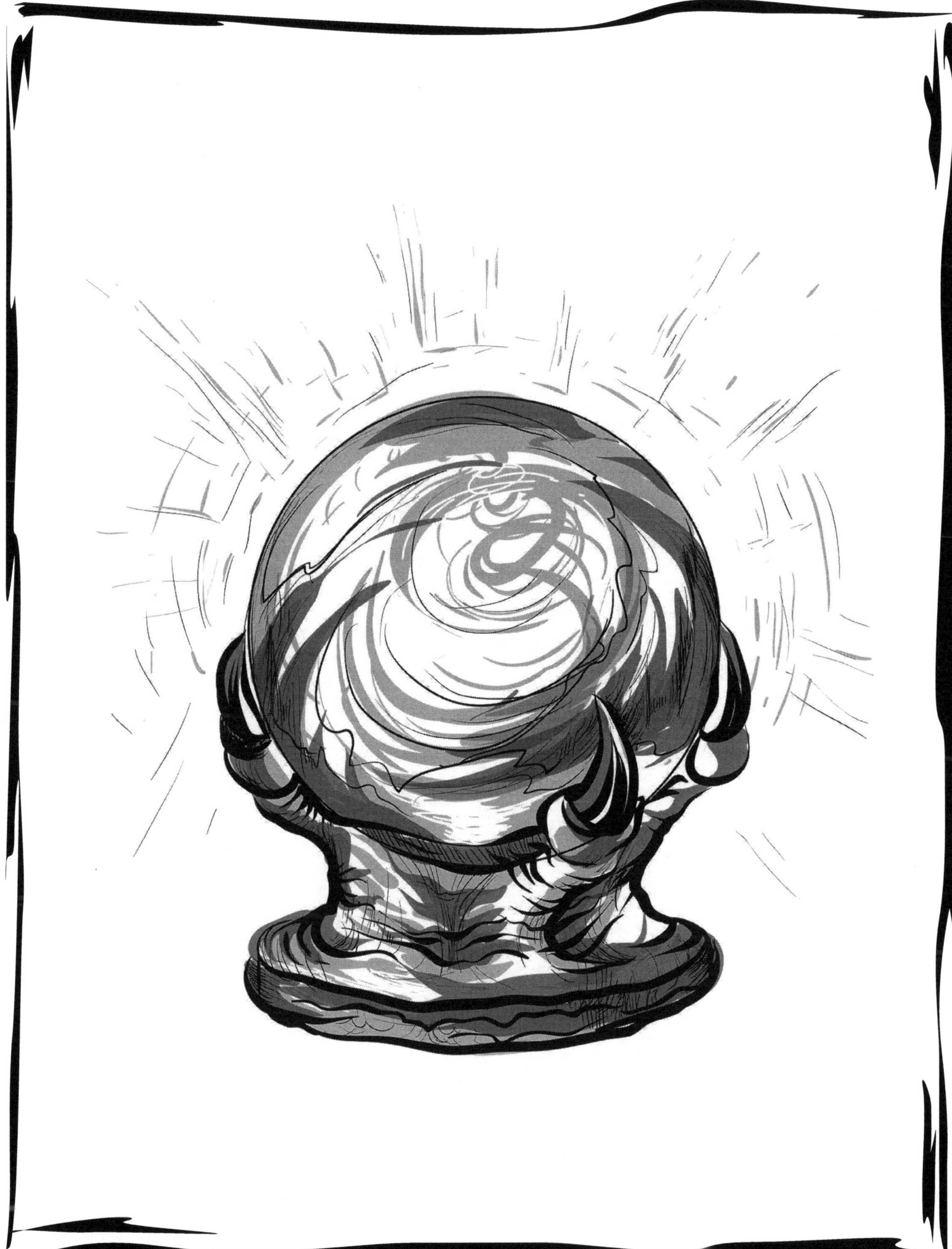

Made in the USA
Monee, IL
07 July 2026

56547119R00035